# QUELQUES ESSAIS

DE

# MÉDIUMNITÉ HYPNOTIQUE

(ALCUNI SAGGI DI MEDIANITÀ IPNOTICA)

PAR

## MM. F. ROSSI-PAGNONI et Dr MORONI.

TRADUIT

## PAR Mme Francesca VIGNÉ

❦

## PARIS

### LIBRAIRIE DES SCIENCES PSYCHOLOGIQUES

1, RUE DE CH.-CASAIS, 1

1889

QUELQUES ESSAIS

DE

# MÉDIUMNITÉ HYPNOTIQUE

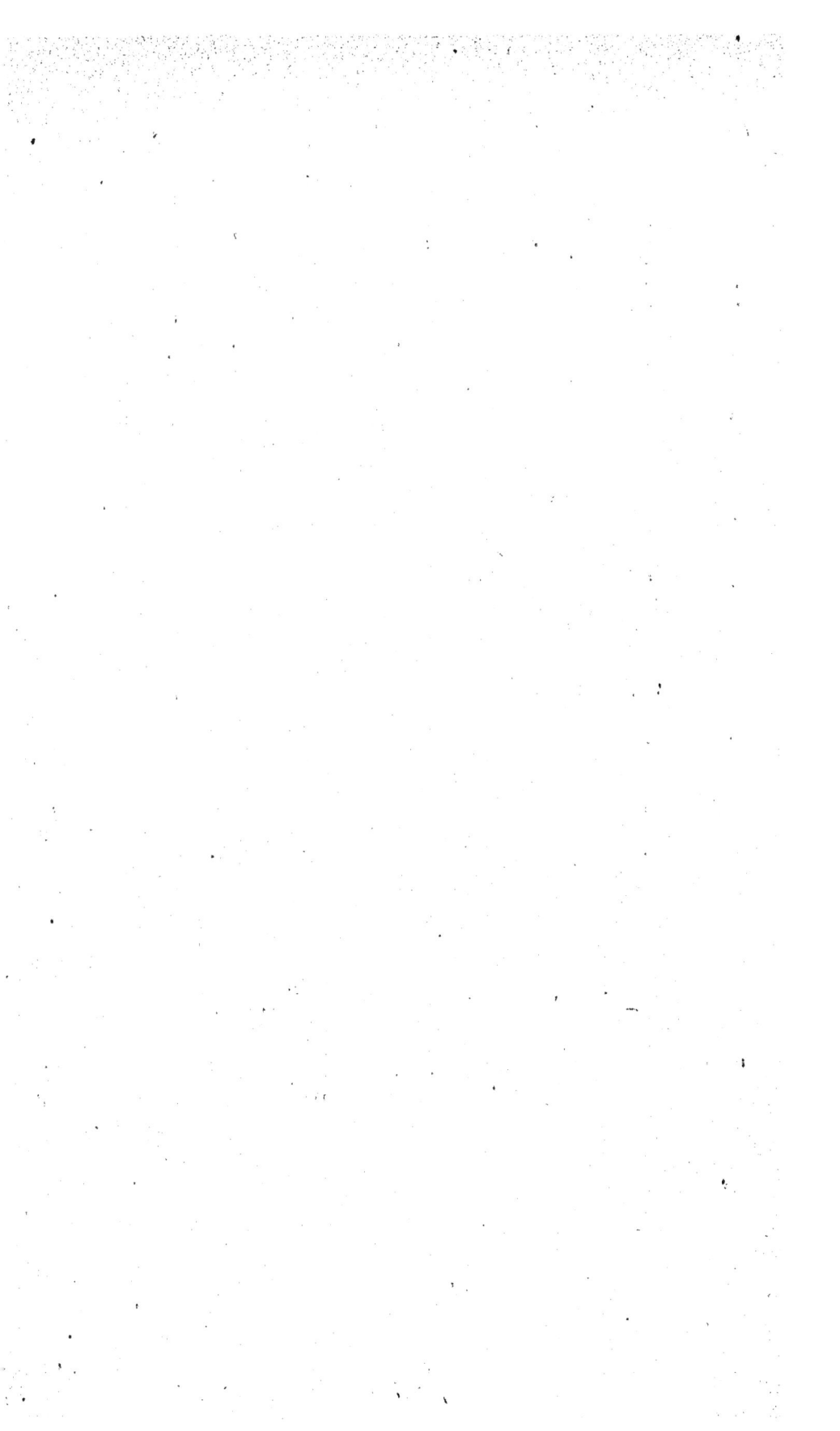

# QUELQUES ESSAIS

DE

# MÉDIUMNITÉ HYPNOTIQUE

(ALCUNI SAGGI DI MEDIANITA IPNOTICA)

PAR

## MM. F. ROSSI-PAGNONI ET Dʳ MORONI

TRADUIT

## PAR Mᵐᵉ FRANCESCA VIGNÉ

## PARIS

### LIBRAIRIE DES SCIENCES PSYCHOLOGIQUES

1, RUE DE CHABANAIS, 1

1889

# AVIS

Nous avons résolu de traduire *Alcuni saggi di medianità ipnotica*, de MM. F. Rossi-Pagnoni et docteur L. Moroni (Quelques essais de médiumnité hypnotique), dans le but d'éclairer les spirites au sujet de l'hypnotisme réputé par les savants qui s'en occupent, comme la cause inéluctable de la fin du Spiritisme.

Les auteurs de quelques essais de médiumnité, investigateurs sérieux, après avoir renouvelé avec leur sujet toutes les expériences des Charcot, des Liébault, des Dumontpallier, des Lombroso, des Donato, dans le seul but de constater des phénomènes physiologiques, ont vu se présenter avec intensité les faits spirites les plus remarquables; le compte rendu si instructif de leurs séances offre un précieux et haut enseignement, aussi bien pour nos F. E. S. que pour les savants docteurs qui conspuent et anathématisent nos études suivies.

En conséquence, propageons ce bon petit livre; portons-le à la connaissance de nos adversaires, et nous aurons secondé nos amis estimés de Pesaro qui ont travaillé pour la vérité, pour remettre sur sa base la justice en fait d'hypnotisme; ils donnent ainsi une leçon aux praticiens amis de l'abus des mots, leur en apprennent le sens véritable lorsqu'il s'agit de magnétisme, d'hypnotisme et des faits spirites qui se déroulent par l'exercice suivi de ces sciences supérieures.

Toute notre reconnaissance à Mme FRANCESCA VIGNÉ qui a traduit en français cette œuvre italienne si utile, cela malgré ses occupations si nombreuses, et l'attention de chaque instant que lui imposent l'instruction et l'éducation pratiques de sa nombreuse et si intéressante famille.

M. et Mme Vigné sont des spirites convaincus et éclairés, complètement dévoués à l'œuvre de propagande de notre *Société de librairie spirite*. Leurs enfants destinés au professorat sont élevés en conséquence. Apprendre toujours et mieux connaître la vérité, telle est la loi de cette famille modèle.

Au nom de la Société de librairie spirite,
*L'administrateur :* P. G. LEYMARIE.

Au professeur Niceforo FILALETE
Directeur des *Annales du Spiritisme* en Italie.

---

Honorable et très cher frère,

Vous le savez, à plusieurs années d'une activité
continuelle de ma part, soit dans l'exercice mé-
dianimique, soit dans la défense de notre doctrine,
en succédèrent d'autres de pénible inaction ; en
1877, une cruelle maladie suivie de mort deux ans
après, ayant privé notre Gymnase de son digne
professeur et directeur le chevalier Julien Vanzolini,
on me confia la difficile tâche de le suppléer, puis de
lui succéder dans l'enseignement supérieur et dans la
direction du Gymnase. (Gymnase, école supérieure).

Il était inévitable que les fatigues redoublées, la
responsabilité accrue par les pensées, l'ennui, les sou-
cis qui en sont la conséquence, m'enlevassent le temps,
la force et la tranquillité d'âme nécessaire pour mon
œuvre ; d'un autre côté, l'amertume éprouvée par
l'interruption de consolations habituelles, puis des
circonstances favorables, me conduisirent à cette
décision de me délivrer de mes nouvelles charges, ce
à quoi je n'arrivai entièrement qu'au commencement
de 1886.

Alors, peu à peu, je repris ma voie que mal-
heureusement j'avais interrompue, secondé par quelques-uns de mes vieux camarades auxquels, pendant

mon oisiveté forcée, il avait manqué le stimulant et
l'occasion de continuer nos exercices habituels, et
j'eus même des circonstances favorables pour éveiller chez d'autres personnes, très honorables par la
science et la vertu, le désir de connaître ce que
c'était que le Spiritisme à l'aide d'expériences suivies.

Au début la typtologie leur fournit bon nombre de
preuves ; ensuite le bruit que faisaient les journaux
par rapport aux soi-disant miracles de Donato, déter-
mina mon ami, le docteur Louis Moroni, depuis vingt-
neuf ans médecin de l'assistance publique de notre
municipalité, et depuis sa jeunesse initié et adonné à
l'exercice du magnétisme, et qui avec moi signe
la relation qui va suivre, à se joindre à notre petite
compagnie, à se mêler à nos discussions sur le sujet
qui excitait chez les ignorants, ou de l'incrédulité, ou
un grand étonnement.

Moroni combattait l'incrédulité et démontrait que
ces phénomènes hypnotiques n'avaient rien d'extraor-
dinaire, excepté qu'ils étaient obtenus par Donato plus
rapidement que par d'autres et presque avec violence,
ce qui les rendait propres aux effets de théâtre,
mais parfois dangereux pour l'organisme des patients ;
en même temps il parlait de phénomènes moins éton-
nants, mais plus importants pour la psychologie
expérimentale, obtenus particulièrement avec l'une de
ses somnambules.

Celle-ci, jeune fille appelée Isabelle Carzetti, née à
Fabriano, en 1845, était venue en 1870 à Pesaro, au
service d'une famille noble, de chez laquelle elle sor-

tit en 1883 pour aller vivre avec une tante et exercer les métiers de couturière et de repasseuse.

Isabelle est assez intelligente, mais inculte ; elle ne lit pas les journaux, seulement quelques romans, ne parle pas mal, mais avec l'emploi d'une syntaxe souvent contraire aux règles grammaticales.

En 1871 elle fut souvent prise de convulsions rebelles à tous médicaments ; en 1873, dans un accès cataleptique, causé par l'effroi d'un tremblement de terre, elle montra une clairvoyance spontanée ; Moroni suivit cette suggestion de la nature même, commença à la soigner par l'hypnotisme et, peu à peu, il diminua ses souffrances et obtint de singuliers phénomènes.

Les aptitudes hypnotiques de I. Carzetti avaient quelque chose d'héréditaire, car elles existaient déjà plus ou moins chez sa mère et deux de ses sœurs.

A l'époque des prodiges de Donato, il y avait plusieurs années que Moroni avait cessé de l'hypnotiser; il lui répugnait de recommencer, et ce fut uniquement par amour pour la science et par le désir de montrer à notre groupe d'amis la vérité de ses affirmations, qu'il reprit les exercices interrompus à la condition que les séances eussent lieu chez moi ; la somnambule devait s'y rendre.

Ce fut ainsi qu'aux exercices typtologiques dont j'ai parlé, se joignirent les expériences hypnotiques ; par ces dernières expériences, faites simplement pour constater des phénomènes physiologiques, se manifestèrent aussitôt les faits spirites ; ceux-ci, peu à peu, augmentèrent en intensité et prirent bientôt tout le temps consacré à nos investigations.

# I

Ces explications données, je glane dans les comptes-rendus des séances, et j'indique brièvement les phénomènes qu'on y a obtenus.

Les ménagements trop nécessaires dans la condition actuelle de la société, m'obligent à taire les noms des personnes illustres qui furent les témoins et les coopérateurs de nos expériences, et ceux de quelques spirites décédés, par égard pour leurs familles ; je jure devant Dieu que rien qui ne soit vrai ne sera noté dans ces pages; au contraire, vu l'impossibilité de rédiger exactement et entièrement nos comptes rendus, j'assure qu'ils contiennent quelque chose en moins, mais rien en plus que ce qui est.

Bien des choses sembleront puériles, et cependant elles ont concouru à nous donner la preuve complète que l'hypnotisme est le meilleur instrument des communications spirites.

Le 10 juin 1886 on fit la première expérience hypnotique. I. Carzetti vint pour la première fois chez moi, et ne vit que la petite salle d'entrée où nous donnons les séances. Quand elle fut endormie, nous l'interrogeâmes sur les êtres de l'appartement; elle répondit que, entre la salle où nous nous trouvions et les autres chambres, il y avait un corridor étroit, pas au même niveau que la petite salle, puisque, de celle-ci, on descendait à celui-là par cinq marches, deux en maçonnerie et trois en bois ; dans la dernière chambre elle vit un fauteuil près du mur et au milieu une petite table. Le tout était parfaitement vrai.

Cette petite table, je l'avais placée, le jour même, sans aucune intention déterminée pour cette soirée, mais pour m'en servir dans les expériences successives de typtologie ; la forme de la table lui ayant été demandée, elle dit qu'elle était ronde et servait à évoquer les esprits. Aussi, ajouta-t-elle, il y a en ce moment, dans cette chambre, un jeune homme qui demande à être évoqué, qui vous prie de le lui accorder.

Moroni, avec un ami, resta avec la somnambule que dorénavant nous appellerons *médium*; moi et deux autres amis, nous allâmes dans la chambre indiquée, où, s'étant assis à la table, ils eurent rapidement et avec la plus parfaite régularité de coups, une affectueuse communication de l'esprit d'un nommé Mariano, jeune étranger mort depuis quelques mois, et l'un de nos amis inconnu du médium.

A peine la communication eut-elle un sens complet, que les coups devinrent irréguliers, on ne put plus former un seul mot; en même temps, l'une des personnes restées dans la petite salle avec le médium vint nous dire, de sa part, de laisser la table, parce que au premier esprit avait succédé un intrus qui ne pouvait ou ne voulait rien nous dire.

Il faut noter que I. Carzetti cherche à être hypnotisée, parce que sa santé chancelante en éprouve un grand soulagement ; mais après s'être réveillée elle ne se souvient plus des êtres qu'elle a vus pendant son sommeil et qui se sont manifestés par son intermédiaire; c'est pour cela que ce médium croit très peu au spiritisme en général, et pas du tout à la table typtologique dont elle n'a aucune idée ; elle ne peut croire encore qu'elle soit mue par des esprits, comme dans la suite nous aurons l'occasion de le rappeler. Aussi, ses réponses, quoique véridiques, ne concordaient-elles pas avec ses opinions personnelles dès qu'elle est éveillée.

Dans l'expérience du 30 juillet, après une épreuve de catalepsie provoquée et la lecture de chiffres écrits sur une petite ardoise placée derrière la tête de l'hypnotisée, l'un de nos amis lui présenta la photographie et les cheveux d'une personne malade qu'elle ne connaissait pas et de laquelle le médium fit cependant une description si détaillée et si fidèle qu'on ne pouvait désirer rien de plus précis.

Après d'autres épreuves du même genre, qui toutes réussirent, deux de nos amis se mirent à la table typtologique, placée à quelques mètres de l'hypnotisée, pour évoquer l'esprit d'une de leurs amies appelée Livia, évocation déjà obtenue par le même moyen. Pendant ce temps l'hypnotisée faisait les signes spéciaux à sa faculté dès qu'elle voit un esprit.

Moroni, moi et les autres assistants, qui étions restés auprès d'elle, nous lui demandâmes tout bas ce qu'elle voyait; elle répondit: Une dame, parente de la plus petite des deux personnes assises à la table. Nous craignions qu'elle ne fût dans l'erreur, car nous le savions, elles évoquaient une amie, point une parente; la table, tout à coup, frappa : «Je suis ta tante Lucie, je viens parce que je t'aime. »

En effet, l'assistant, le plus petit de taille, avait parmi ses morts une tante de ce nom à laquelle il ne pensait pas, et dont l'autre assistant n'avait pas connaissance. Ensuite, le médium murmura à l'oreille de Moroni qu'un jeune homme, dont le nom commençait par un R, était à la table ; en effet la table frappa R, la première lettre du nom d'un jeune ami, qui nous salua. Après nous entendîmes dans la bibliothèque un grand bruit, et le médium nous dit en souriant, que cet esprit avait voulu nous donner le signe de son départ.

Peu après dans les traits du médium se dessinait une nouvelle commotion ; il se leva peu à peu de sa chaise, se mit à genoux et commença à pleurer ; il ne donnait aucune réponse à nos questions. Nous le laissâmes pendant quelque temps dans cet état, comme absorbé dans un mystérieux colloque ; ensuite il se leva, se remit de son émotion et nous l'interrogeâmes ; il nous dit : C'est mon père et Andrea, père de Moroni mon protecteur, qui se sont présentés ; le premier esprit a provoqué mes pleurs, le second, esprit très élevé, un acte de respect, et il ajouta au nom d'André des conseils utiles à son fils. La correspondance parfaite, obtenue par les précédentes communications typtologiques enlève tout doute raisonnable même contre cette dernière vision ; par elle seule, néanmoins, elle pourrait être considérée comme une hallucination subjective.

Une autre séance eut lieu le 6 août ; nous eûmes d'abord des faits de clairvoyance que j'appellerai terrestres, pour les distinguer des visions spirites ; en effet un portrait ayant été donné à l'hypnotisée, elle dit qu'il était d'un homme alité depuis quelque temps, qu'il avait à la partie supérieure de la cuisse gauche une tumeur, pas une vraie tumeur puisqu'elle ne pouvait arriver à suppurer, qu'on pouvait plutôt l'appeler un anneau, assez mou quant à sa consistance tout autour de l'os ; il avait aussi mal à l'estomac et à la tête.

La réponse était parfaitement vraie, parce que cette personne s'était mise au lit à cause de la fracture d'une cuisse, il y avait déjà longtemps ; on ne parvenait pas à la bien consolider, elle était encore à l'état de corps osseux; il souffrait aussi d'une gastrite, et justement ce soir·là (comme le lendemain matin nos amis purent le vérifier), il avait, contre son habitude, mal à la tête.

Je donnai une lettre au médium, il me dit : c'est l'écriture d'un homme; je l'ai déjà vu dans cette chambre, pendant nos expériences; il est de petite taille, il a une grosse voix et la figure garnie de barbe. C'était justement le portrait de l'ami absent à qui la lettre appartenait.

Je ne relaterai pas d'autres faits obtenus du même genre, car ils sont pour les expérimentateurs choses communes, mais très importants pour un cercle composé de personnes pour la plus part nouvelles.

Deux de nos amis s'assirent à la table de typtologie en évoquant Lucie ; la première lettre frappée leur fit croire qu'ils réussissaient, mais le médium murmura à l'oreille de Moroni (qui en prit note sur un morceau de papier, le plia sans rien dire et le déposa sur une table), qu'au lieu de Lucie, c'était l'esprit de Livie qui frapperait le mot *merci*; cela

s'effectua comme il l'avait annoncé, et ce mot réellement fut trouvé écrit.

Le médium invita Moroni à prendre la place de l'un
de ces messieurs à la table de typtologie ; il obéit et
une autre personne se plaça à côté du médium, lui
demandant ce qu'il voyait. Il lui répondit, de manière
à ne pas être entendu : « c'est la sœur du docteur » ;
en effet la table frappa : *Assunta*, nom d'une sœur décédée qui l'invita à rester à la table. Le médium murmura à l'oreille de l'ami qui était auprès de lui, que
le père de Moroni voulait se communiquer ; la table
frappa ces mots : « Je suis ton père, et je puis appeler
heureux le moment où je me trouve avec toi. »

Le médium dit à la personne qui était à côté de
lui, que l'esprit frapperait encore un autre mot ; en
effet, on eut un *adieu*.

Lorsque les coups frappés par la table précédent
le pronostic de l'hypnotisée, on peut croire que son
oreille, rendue plus fine, a pu rendre ce que, dans
les conditions ordinaires, il n'eût pu percevoir, vu la
distance ; mais lorsque le pronostic murmuré à l'oreille
précède le fait, ce doute ne peut exister.

Il nous arriva un fait curieux le soir du 15 août ;
étaient présents : le médium, Moroni, un vieux com-
pagnon de conviction M. P. témoin assidu de chaque
séance, et moi. Les autres assistants n'arrivant pas,
nous pensions à aller nous promener, et cependant,
en causant, le médium remarqua la petite table dans
un coin de notre salle et nous demanda des explications, ce qu'il n'avait pas encore osé faire ; nous lui
dîmes que, sous la main, la table remuait d'elle-

même, avec l'aide des esprits; il nous répondit en riant, qu'elle était si légère qu'il devait être bien facile de la faire mouvoir.

Pour lui prouver que le mouvement était spontané, P. l'invita à s'y asseoir pendant quelques minutes avec lui. Il consentit, plaça ses mains, mais avec une telle attitude qu'il nous sembla qu'il avait beaucoup de peine à s'empêcher de rire. Peu de temps après le mouvement commença, et tout à coup la table resta inclinée, immobile. Nous regardâmes le médium, il avait la tête penchée, il était endormi, les bras cataleptisés. Moroni supposant que sans le vouloir, P. l'avait magnétisé par le contact de la table, prit la place de P. et faisant parler le médium, celui-ci répondit que c'était l'esprit d'un jeune homme appelé *Mariano* qui l'avait magnétisé; ce dernier voulait me donner une communication par l'écriture, ce qu'il fit.

Ce même esprit s'était présenté le 10 juin, je l'ai déjà relaté; son nom était inconnu du médium et du magnétiseur. Avant de l'éveiller Moroni lui suggestionna qu'il devrait, à son réveil, se rappeler ce qu'il avait vu; éveillé, il nous dit ces mots : « Maintenant, je crois vraiment que la petite table « est mise en mouvement par les esprits. » Cette persuasion ne fut pas de longue durée, et quelque temps après, en voyant deux de mes amis faire comme il l'appelait, « le jeu de la petite table, » il dit : « S'il est vrai que ce soit un esprit, qu'il frappe mon vrai nom, » ce qui fut donné à l'instant; nous sûmes ainsi que le médium se nommait *Isabelle*, tandis que, depuis son enfance, sa famille l'avait toujours appelé

*Aminta*; nous ne le connaissions que sous ce nom.

Le 22 août, nous commençâmes par des épreuves de simple hypnotisme, en faisant lire au médium des chiffres ou des mots écrits sur une petite ardoise placée derriere sa tête, et parfois le côté écrit appuyé contre le mur, l'autre côté vers lui. Nous eûmes aussi la preuve directe de la lecture de lettres et chiffres en ordre à l'envers, chose qu'autrefois nous avions crue une faute ; nous reconnûmes même que c'était bien là une loi constante, par l'effet de raisons physiologiques.

En effet, comme autrefois elle avait lu le n° « 50 », au lieu de « 05 », de même maintenant elle lisait *ema* pour *âme*, fait que relate aussi le D' D. Zanardelli, dans son ouvrage intitulé : *Vérité sur l'hypnotisme* (p. 14) ; il entendit sa somnambule, lire *Roma* pour *Amor*.

Nous fîmes ensuite nos expériences typtologiques habituelles; pendant que deux de nos amis, assis dans un coin de la petite salle, attendaient la venue de l'esprit, j'étais avec d'autres assistants auprès du médium qui fit un geste d'affliction, comme s'il voyait souffrir quelqu'un ; ensuite il nous dit que c'était le père de Monsieur L. qui voulait se communiquer en particulier à son fils.

Nous fîmes lever de la table M. L. et l'engageâmes à essayer d'écrire sur une autre table, parce qu'un esprit voulait se communiquer par lui, et nous l'entourâmes pour l'aider dans cette première expérience; deux d'entre nous s'approchèrent du médium, lui demandèrent combien d'esprits il voyait en ce moment autour de nous. Il répondit qu'il en voyait trois, le

premier déjà indiqué et deux dames; l'une était la
tante de celui qui l'interrogeait; ce dernier qui avait
sur lui une photographie de cette tante, la mêla avec
plusieurs autres photographies de dames que nous
pûmes réunir; le paquet fut placé dans la main du
médium; celui-ci, sans les regarder, ne pouvant pas
même le faire à cause de la demi-obscurité qui régnait
dans ce coin de la chambre, et ne pouvant pas être,
comme on le dit, suggestionné par celui qui interrogeait, puisqu'il ne voyait pas les photographies et ne
savait pas dans quel ordre le hasard les avait dispo-
sées, le médium, dis-je, écarta une à une les photographies étrangères et lui remit celle de sa parente.

L'épreuve écrite de M. L . ne réussissait pas; il
avait écrit quelques mots, sans l'ombre d'intuition,
puisqu'il ne pouvait pas les lire; nous lûmes clairement le mot Dominique, le nom de son père. Ne pouvant réussir par l'écriture, nous allâmes tous dans
une autre chambre, laissant ce monsieur seul en communication particulière avec le medium; lorsque,
après quinze minutes, il nous appela, nous le trouvâmes extrêmement ému par la grande vérité de la
communication reçue; il s'agissait de dissensions
entre frères, à cause d'un fait injuste accompli par le
défunt; le médium ne connaît pas ce défunt, ou ces
faits, et aucun de nous naturellement.

Ce monsieur étant étranger, ne résidait ici que
depuis peu de temps; son père était mort dans une
ville éloignée, il y avait vingt ans environ.

Après cette communication, ce monsieur nous laissa,
écrite de sa main, une relation détaillée dont voici

les premières phrases : « La somnambule, un peu em-
« barrassée, semblable à une personne qui raconte
« des choses désagréables pour celui qui les entend,
« m'a dit : « Il faut mettre de l'ordre, vous le savez,
« dans sa famille; si votre père revenait, il agirait
« différemment qu'il ne l'a fait ».

Plusieurs fois nous essayâmes la magnétisation
inattendue du médium, faite à distance; la première
eut lieu le 29 août et voici comment : A un certain
moment de notre séance, tout à coup, une extase
spontanée s'était manifestée chez le médium; nous
fîmes la chaîne autour de lui, et, se levant sur l'extré-
mité des pieds, il s'allongea en pleine catalepsie
comme s'il tentait de se détacher du sol; il s'age-
nouilla, les mains jointes, comme s'il se trouvait à
quelque entretien mystérieux; puis, à l'aide de la même
chaîne, il revint peu à peu à l'état de somnambulisme
simple, et s'assit à nouveau.

Étant interrogé, il dit avoir vu trois esprits très
élevés, le père et le frère de Moroni, et celui d'une
dame, venue déjà autrefois, sous le nom de Lucie qui
est parent d'un ami; que si nous avions continué a
l'aider pendant son extase, nous aurions peut-être
obtenu la même vision; quant à lui, il serait monté
à des régions plus élevées. Il termina en disant à
Moroni : « Maintenant, éveillez-moi pendant dix ou
quinze minutes; après, sans rien me dire, vous me
rendormirez. Maintenant, imposez-moi de me rappeler ce que j'ai vu quand je serai rendormi; dans
l'intervalle que personne ne me dise rien de ce qui
est arrivé ».

Ayant été réveillé il se leva, alla s'asseoir sur un canapé, et comme nous causions un peu de choses indifférentes, il montra une certaine hâte de s'en aller. Pendant que nous cherchions à le retenir, Moroni passa dans l'autre chambre, comme s'il allait chercher un verre d'eau, et de là, il le magnétisa, lui commandant, par suggestion mentale, de dormir et de reprendre sa place habituelle. Étant rentré, il le trouva rendormi et lui dit : « Pourquoi n'avez-vous pas obéi entièrement ? » — « J'ai entendu, répondit-il, l'ordre de reprendre ma place, mais vous ne m'avez pas laissé le temps d'obéir. Il recommença à décrire la vision qu'il avait eue pendant l'extase, et dit avoir constaté une clarté si grande que la lumière électrique n'était rien en comparaison d'elle; que des trois esprits dont il avait parlé, le premier qui se présenta fut le père de Moroni, l'air souriant; il relata des particularités qui se rapportaient très bien à la physionomie et à la figure de Moroni père qu'il n'avait pas connu; et qui est plus élevé que les deux autres, et près de ce degré, au-delà duquel il ne serait pas facile de l'obtenir par l'évocation. Il ajouta qu'il les avait vus dans leur forme corporelle, comme entourés d'une substance blanchâtre, semblable à un voile, sans trouver autre chose comme point de comparaison que la pellicule d'un œuf.

Ce cas de magnétisation à distance pouvant être pris par quelques-uns pour une auto-suggestion, le médium ayant demandé à être réveillé, et après dix ou quinze minutes à être de nouveau endormi, nous tentâmes d'autres épreuves.

L'une eût lieu le 5 septembre, et parmi les assistants se trouvait un excellent étudiant en médecine, la tête pleine des conceptions de la science matérialiste; c'était un adversaire résolu du spiritisme.

Ce jour-là ce fut moi qui, sous un prétexte, appelai ce jeune étudiant dans une autre chambre; par lui je fis appeler Moroni; je proposai à ce dernier de magnétiser, de cet endroit, le médium qui se trouvait alors près d'une fenêtre de l'autre petite salle et causait avec trois autres personnes; tout à coup il se tut et s'endormit. L'un de ceux qui étaient avec lui, très surpris, vint donner cette nouvelle à nous qui l'attendions. Ensuite nous tentâmes une autre épreuve. Moroni et l'étudiant convinrent d'un ordre que, dans un effort commun, ils voulaient lui transmettre de loin. L'épreuve réussit, mais non sans indécision et hésitation; ces circonstances, dans le cas présent, au lieu d'amoindrir, augmentèrent la valeur de l'expérience. En réalité la pensée pour laquelle ils étaient d'accord était celle-ci : le médium devait venir me serrer la main, à moi qui, ne sachant rien, allais et venais, tantôt d'un côté de la salle, tantôt de l'autre. Cependant trop serré l'étudiant se méfiant d'être trompé envoyait au médium un ordre mental pour son propre compte, c'est-à-dire de venir lui serrer la main. Ignorant cet ordre, et en même temps ce dualisme de volonté, nous regardions, étonnés, le médium qui fit quelques pas en avant, quelques autres en arrière, tantôt vers l'étudiant qui était en avant et à côté de Moroni, tantôt vers moi qui me trouvais derrière le médium; il était semblable à un

esquif tourmenté par des vents opposés ; finalement
il s'approcha avec décision de l'étudiant pour lui
serrer la main, à la grande surprise de Moroni qui
voyait son ordre transgressé. Alors le jeune homme
raconta quel était l'ordre qu'il avait vraiment donné,
et l'hypnoptisé demanda pardon au magnétiseur de
lui avoir désobéi, ajoutant qu'il sentait les deux ordres
mais qu'il avait obéi au premier, non seulement parce
qu'il avait plus de force, mais parce qu'il lui venait
d'un incrédule.

Le soir du 12 septembre un assistant formula un
doute à propos de la dernière séance ; il disait que
la somnambule, en voyant Moroni et une autre personne s'éloigner de la salle, aurait pu prévoir qu'elle
allait être magnétisée, et que cette prévention avait
fait naître le phénomène.

Nous voulûmes recommencer l'épreuve.

Par hasard, ce soir-là, Moroni arrivant l'un des premiers, fut conduit dans une autre chambre ; lorsque plus
tard vint Carzetti, nous lui dîmes que le docteur ayant
été appelé pour un malade, n'était pas encore venu.

En attendant nous causions ; le docteur, de la chambre où il était placé, fit des passes et la somnambule
s'endormit tout à coup, ce qui ôtait au phénomène
réalisé ainsi, même l'ombre du soupçon qu'il fût
produit par l'*attention expectante*, comme le prétendent nos adversaires.

Dans cette même séance, le médium ayant assez
bien décrit la maladie d'une personne dont on lui
avait donné le portrait et des cheveux, avait désigné
des médicaments qui semblèrent au médecin bien

appropriés au mal ; le médium ajouta ceci : « quant
« à la maladie, elle la voyait d'elle-même ; pour les
« médicaments, elle se les sentait suggérer mais sans
« savoir comment ni par qui ».

Une autre expérience du même genre, plus importante, fut tentée le 13 octobre ; c'est le cas de dire,
avec W. Crookes, qu'un essai manqué est quelquefois
plus profitable qu'un résultat complet. Cette séance
n'avait pas été prévue. Par hasard, le docteur, M. P.
et moi, en nous promenant, nous nous rencontrâmes ;
la conversation étant tombée sur la transmission
magnétique d'ordres à grande distance, il nous vint à
l'idée d'en vouloir essayer ; de chez moi nous devions
faire notre appel au médium qui, probablement à cette
heure, se trouvait chez elle. De ma demeure à la sienne
il y a environ 150 mètres. Moroni, dans sa jeunesse,
avait plusieurs fois tenté cette épreuve avec un heureux résultat ; ses forces ayant diminué, il dou-
tait. Vers 8 heures du soir, Moroni fixa énergiquement sa pensée, pendant quelques minutes, sur la
somnambule ; fatigué par l'effort il cessa en disant :
« si elle a senti, c'est bien ; sinon, tant pis ». Il écrivit
médianiquement et obtint avec le nom de son frère
Isidore les paroles suivantes : « Elle t'a senti, mais
« pas assez pour satisfaire ton désir ; il faut que l'un
« de vous aille vers elle pour ne pas lui laisser une
« nuit orageuse. On la trouvera, ou sur la route, ou à
« sa fenêtre, attendant et indécise. »

Monsieur P... trouva un prétexte et sortit pour
vérifier le fait. Au bout d'un quart d'heure il revint,
disant que Carzetti n'était pas chez elle, mais que sa

tante, avec laquelle elle vit, lui avait répondu qu'elle était allée, il y avait quelques minutes, au marché faire quelques achats. La réponse me parut suspecte ; car ce n'était pas l'heure de faire des achats, et de plus, presque tous les magasins étaient fermés. En tout cas Moroni, découragé, croyait ne pas avoir réussi ; il craignait d'être trompé par un esprit, un intrus, ou par sa propre imagination.

P. supposait que la somnambule avait dû confusément éprouver quelque chose, et que, pour se remettre de ce trouble, elle était sortie, s'en allant à l'aventure. Nous abandonnâmes l'épreuve et sortîmes de la maison pour nous séparer.

Mes amis en montant la rue Branca aperçurent, à l'endroit où elle est coupée par la rue Almerici, Carzetti qui venait de la petite place Olivieri ; P. lui demanda : — Où allez-vous à cette heure ? — Elle répondit : — Je suis sortie de chez moi poussée par je ne sais quoi, j'ai cru qu'on voulait me magnétiser. — Maintenant, êtes-vous bien ? — Je me sens un peu agitée, j'ai des battements de cœur, et j'éprouve un certain embarras dans les jambes. — D'où venez-vous à présent ? — Ne le voyez-vous pas ? De la place ; je suis venue par le Zongo, dans la rue Sabbatini ; si j'avais trouvé ouverte la porte cochère et de la lumière dans l'escalier de la maison Rossi, comme dans les soirées où il y a séance, je serais montée. — Calmez-vous, parce que cette agitation passagère ne provient que d'une expérience que nous avons faite.

Dans une séance qui avait précédé celle-ci, le 26 septembre, nous eûmes un phénomène qui confirmait l'objectivité réelle des communications données par le médium. Il prétendait être en communication avec l'esprit d'Isidoro, l'affectueux et enjoué frère de Moroni. Un assistant l'ayant prié de nous donner des preuves matérielles, l'esprit répondit qu'il nous aiderait le plus possible, mais nous essayâmes plusieurs fois vainement. Le médium, au nom du même esprit, nous proposa de faire écrire par l'un de nous, en cachette de tous les autres, un mot sur la petite ardoise, puis de placer celle-ci aussi loin du médium que de la table typtologique, cependant éloignée du médium, puisqu'elle se trouvait à l'autre coin de la salle; en plaçant deux personnes à cette table, l'esprit devait frapper le mot écrit; nous obéîmes. Celui qui avait écrit le mot se tint éloigné des autres assistants, pour éviter tout soupçon de complaisance coupable; nous obtînmes plus que nous demandions, car le médium murmura à l'oreille de celui qui était près de lui le mot qui lui était inconnu, communiqué, disait-il, par Isidoro; en même temps un esprit familier inattendu, appelé Jeanne, le donna par la typtologie aux deux amis assis à la table (1).

---

(1) A propos de typtologie, une nouvelle explication qui me semble bien étrange a été donnée sur la *table tournante*, le 25 février dernier, dans une séance de !a Société Médico-Chirurgicale de Modòne, par M. le docteur Gaetano Bruni, jeune homme d'un esprit élevé et de beaucoup de valeur. ·

Il est écrit, quand il s'agit de spiritisme, que les plus sages se croient dispensés d'un examen scientifique suivi, qu'ils feraient sur des faits d'une autre nature. Le spiritisme est une chose si ridicule! et comment se résigneraient-ils à passer si mal leur temps!

## II

Nous avons obtenu un nombre de faits analogues à ceux que j'ai résumés ; leur récit ennuierait le lecteur,

---

ils improvisent ainsi de folles explications desquelles ils riraient les premiers si l'inexpérience n'était leur règle.

Voici, selon M. G. Bruni, la genèse du mouvement de la table : « Lorsque les expérimentateurs y mettent les mains, ils regardent fixement la table, même les mains, ce qui, par la fatigue de l'attitude, produit une modification de la vue, et dans ce cas, il semble que les mains et la table, tantôt se rapprochent, tantôt s'éloignent, illusion qui détermine dans la tête des expérimentateurs, et par suggestion, l'idée d'un mouvement, et cette idée produit un mouvement réel automatique et inconscient dans les bras qui le transmettent à la table. » Avant tout je fais remarquer que l'apparent rapprochement et éloignement des mains et de la table, pourrait produire la suggestion d'un mouvement vertical et non horizontal, savoir de table qui se soulève et retombe, mais ne tourne pas.

Mais voulant excuser l'inexactitude d'expression, je suppose que M. G. Bruni veuille expliquer comment la table en se soulevant et en se baissant, peut frapper des coups sur le plancher. Si la genèse d'un tel mouvement était celle qu'il croit, il s'en suivrait ceci : si les expérimentateurs regardaient le plafond, ou tenaient les yeux fermés, la suggestion supposée, et le mouvement qui s'en suit, n'auraient pas l'occasion de se produire ; la table resterait immobile. Si le professeur croit ce qu'il songe, je lui dirai : *expérimentez*, ou *faites expérimenter*, après nous en reparlerons. Si pour cette fois, il veut prendre un chemin de traverse, il doit consulter l'ouvrage « *Des tables tournantes* » du comte Agenor de Gasparin qui obtint des soulèvements et des renversements d'une grande table, sans qu'aucun des expérimentateurs la touchât, expériences rapportées par Girard de Caudemberg dans le *Monde spirituel*, Paris, E. Dentu 1857, et rappelées aussi aujourd'hui par E. Mancini dans l'article « *Sur les forces inconnues* » (Nouvelle Anthologie du 1er août

car ils ne présentèrent rien de nouveau. Cependant nous commençons à noter, peu à peu, une modification dans la médiumnité hypnotique, modification féconde en effets assez extraordinaires pour imprimer le caractère de l'évidence à la conversation des invisibles avec nous. Jusqu'alors il semblait que les

---

courant). Il devra en même temps, lire d'autres œuvres analogues, celles de W. Crookes qui interpose de l'eau entre la main du médium et l'axe du mouvement; M. G. Bruni constatera que, si avec de faibles médiums, il y a les mouvements automatiques et inconscients des bras, cela tout au plus *seconde* et ne *produit* pas le mouvement des tables. Après tout, quand il aura expliqué l'origine du mouvement, il n'aura rien fait s'il n'explique aussi comment les coups frappés peuvent nous indiquer les mots et composer un ensemble de paroles se rapportant à des choses inconnues des évocateurs. Exemple : Le 13 août de l'année passée, deux jeunes gens, dont l'un est étudiant en médecine, faisaient des expériences avec la table, pour la quatrième ou la cinquième fois. Après avoir obtenu quelques noms de gens décédés (divers de ceux sur lesquels ils fixaient leur pensée en évoquant), et des réponses convenables aux esprits qui se présentaient, le mouvement recommença; ils eurent alors une de ces preuves, dont une seule suffit pour toujours, à qui veut se donner la peine de réfléchir. Il semblait que cette force intelligente qui faisait mouvoir la table, voulût à dessein contredire leurs prévisions, pour les convaincre qu'elle leur manifestait sa pensée, et que ce n'étaient pas eux qui manifestaient la leur. D'abord ils eurent un *L*, et crurent que c'était un esprit familier qu'ils avaient déjà eu d'autres fois appelé Livia; ensuite la lettre *u*, et pensèrent qu'au lieu de Livia, ce devait être la tante de l'un d'eux, appelée Lucia. Ils continuèrent et eurent successivement *igi*. Trompés dans leurs premières prévisions, ce qu'ils me déclarèrent de moment en moment en ma qualité de spectateur, ils considérèrent comme certain qu'il s'agissait d'un individu qui, autrefois, s'était annoncé sous le nom de Luigi Nobili, et qu'ils ne connaissaient pas. Ils continuèrent encore; au lieu de Nobili, ils eurent *Del Monte*. A l'un des deux jeunes gens ce nom de famille était inconnu; le second se rappelait avoir vu à l'hôpital un malade qui portait ce

esprits fussent des entités étrangères au médium ; il disait les voir, les décrivait et comme intermédiaire il nous communiquait, d'une manière indirecte, leurs pensées et leurs sentiments. Vers cette époque, une vraie identification sembla se faire entre lui et les esprits, principalement avec ceux qui se communiquaient le plus souvent, les nouveaux venus, peu avancés, éprouvant au début plus de difficultés ; nous commençâmes alors à entendre des discours, directement donnés, avec divers changements de physionomie inhérents à la personne décédée ; le médium représentait aussi le caractère et l'état de ces personnages, avec une remarquable variété de voix, par exemple avec des bégaiements et autres signes des

---

même nom de famille, mais il ne savait si c'était lui, ne connaissant pas son nom personnel. — Ils lui demandèrent alors à quelle époque il était mort. — Réponse : *Il y a peu de jours.* — Que voulez-vous nous dire ? — Ici la table frappa le nom de l'étudiant en médecine, après elle ajouta : « *Quand vous passiez, le matin,* « *vous prouviez aux malades que vous aviez du cœur. Étudiez et* « *vous deviendrez un médecin distingué.* » En effet, ce jeune homme accompagnait le médecin chef dans ses visites à l'hôpital, et plusieurs fois il avait vu ce malade. Désireux de vérifier ce fait, nous fîmes des recherches, soit au bureau des inhumations, et ailleurs, et nous apprîmes que Luigi était précisément le nom du malheureux Del Monte, mort à l'hôpital quelques jours auparavant. — Le véritable investigateur trouve à foison des faits semblables.

Donc lorsque les adversaires auront expliqué le mouvement, il leur reste encore à dévoiler quelle est l'intelligence qui le règle, indépendamment de notre intervention.

Que les matérialistes prennent garde à ce que leur manie de nous refuser une âme, ne les oblige à croire que nous en avons plusieurs, dont chacune pense et raisonne pour son compte, sans que les autres le sachent !

dernières périodes de la vie terrestre de ces esprits.

De nos expériences il résulte que l'esprit, principalement dans les premières périodes de son expiation, conserve, non seulement l'empreinte de ses défauts moraux, mais aussi celle de la maladie qu'il avait dans sa dernière vie corporelle; néanmoins quelqu'un peut croire que quelquefois l'esprit montre de telles empreintes afin que l'on puisse mieux le reconnaître.

Dès lors pour les témoins de ces scènes dramatiques, s'ouvrit la plus riche source d'inexprimables beautés, de profondes émotions, de preuves d'une telle évidence, qu'elles ont ébranlé les plus sceptiques; mais pour moi la difficulté de faire apprécier l'importance des récits aux lecteurs devient très grande, car lorsqu'il s'agit de personnages historiques, j'ai la crainte que ne naisse ce doute, qu'un dictionnaire biographique, ou quelque ami complaisant n'ait fourni au médium les indications données de vive voix; ce doute pourrait sembler rationnel à ceux qui ignorent la manière de vivre du médium et la vigilance dont il est l'objet.

Et quant aux trépassés qui n'eurent pas de notoriété historique, dont les noms n'ont pu franchir les murs de la ville, les empreintes de leur caractère moral et de leur condition physique propres à leur vie dernière, ou les circonstances particulières qu'ils nous révélèrent souvent, caractérisent leur personnalité et prouvent le sincère automatisme du médium; mais nous ne pouvons nommer les personnes, ni propager les secrets qu'ils nous ont dévoilés d'une manière inattendue, révélations étonnantes pour les personnes que ces secrets concernent.

Il nous reste donc peu de moyens de rendre authentiques, pour les personnes qui n'ont pas assisté à nos séances, les vérités si lumineuses pour des témoins oculaires ; néanmoins les faits que je choisis, si incomplets soient-ils, engageront sans doute d'autres personnes à entrer dans le même champ d'études (1), à le cultiver pour en recueillir des fruits tellement abondants et intéressants, que les preuves dont je vais parler leur sembleront de peu de valeur.

Je jure sur mon honneur que les communications suivantes n'ont pas été altérées en les transcrivant ; nous avons seulement supprimé ou modifié certaines indications qui eussent servi à faire connaître indiscrètement quelques esprits. Quant à la forme, on a seulement enlevé des constructions de phrases irrégulières et quelques fautes de grammaire dues au médium.

Un fait avéré de tous ceux qui pratiquent le spiritisme est celui-ci : Les quatre cinquièmes des médiums expriment, avec la phraséologie et la syntaxe qui leur est propre (excepté dans quelques rares moments), les idées qui leur sont inspirées.

Ces idées, en outre, si leur esprit n'est pas propre à les recevoir, peuvent être émises à rebours, phéno-

---

(1) Luigi Capuana en offre un exemple dans le livre intitulé *Spiritisme ?* pages 93-129, Catane, chez Niccolò Giannotta, et beaucoup d'autres, spécialement les *Annales du Spiritisme*, dans les numéros de février, avril et mai 1881 ; j'en ai aussi fait mention dans ma *Lettre à Terenzio Mamiani*, page 150 et suivantes.

même qui, moins que tout autre, devrait être contredit, par des adversaires qui n'admettent pas les miracles ; également pour les spirites comme doctrine acceptée, et pour les matérialistes comme application de leurs principes à notre hypothèse, la communication spirite ne peut être qu'une lumière qui n'arrive jusqu'à nous qu'en passant entre les molécules d'une vitre colorée qui l'empreint de sa couleur propre, et qui plus ou moins, mais toujours un peu, l'altère, selon sa plus ou moins grande opacité ou limpidité.

Voici des faits notés dans quelques séances de la seconde période.

Le 2 novembre 1886, jour qui, selon une tradition douce et pieuse, est consacré à la mémoire de nos chers trépassés, voici ce que nous eûmes : Avant l'arrivée du médium, l'un de nos amis me proposa, tout bas, de tenter l'évocation d'un trépassé d'après la demande de sa veuve ; je répondis : « il me semble préférable de remettre l'évocation à un autre jour » ; tout spécialement, ce soir-là, sans évoquer personne, nous devions accueillir les esprits qui se présenteraient.

L'ami se laissa persuader, n'y pensa même plus ; le médium étant hypnotisé, nous eûmes successivement plusieurs esprits ; tout à coup, il dit : « Pen-« dant toute la soirée j'ai vu tourner autour de moi « une nouvelle figure. » — Cette âme connaît-elle quelqu'un parmi nous tout particulièrement ? Le médium prononça le nom de l'ami dont j'ai parlé plus haut, puis avec un branlement de tête continuel, une voix légère et chevrotante, il dit : « Je suis un petit « vieillard, à la tête peu solide ; une salutation à ma

« femme, la pauvrette ne se porte pas bien ; je suis
« venu parce qu'elle le souhaitait. » Puis nommant
l'ami dont j'ai parlé, il lui dit : — Me connais-tu ?
celui-ci répondit : Tes paroles et tes mouvements me le
font supposer; pour me convaincre, dis-moi les initiales
de ton nom et de ton prénom ? ce fut fait, et nous
reconnûmes celui dont, plus d'une heure auparavant,
on avait proposé et abandonné l'évocation ; cependant quoique n'en sachant rien, le médium voyait
depuis longtemps errer cette figure nouvelle.

Quelques minutes après, Moroni lui fit magnétiquement voir le cimetière; le médium disait y errer. A
ce moment l'esprit protecteur Andréa, parlant par la
bouche du médium, nous dit : « Non seulement ce
« soir, mais toujours, des esprits, pour la plupart
« invisibles, errent dans le cimetière, mais aussi ail-
« leurs, et particulièrement dans les endroits où des
« délits ont été commis, à l'endroit où gisent des
« cadavres. » Puis, adressant la parole à son fils, il
ajouta : « Te rappelles-tu ce que je vous racontais,
« alors que vous étiez encore des jeunes gens ?
« Médecin, dans mes visites et en certains endroits,
« j'avais eu des apparitions auxquelles je ne croyais
« pas, et cependant j'en avais vu plusieurs fois. » (Ce
souvenir d'un temps éloigné était vrai, le médium ne
pouvait le connaître.) « Ce sont spécialement, dit
« Andréa, de pauvres suppliciés qui errent auprès
« de leurs corps dont les hommes les ont violem-
« ment séparés avant que Dieu eût assigné la fin de
« leur existence terrestre. A Dieu seul appartient
« de trancher l'épreuve terrestre. »

Quelques instants après nous demandâmes au
médium hypnotisé s'il voulait quitter le cimetière et
revenir parmi nous : « Non, répondit-il, je veux
« encore le parcourir : Oh ! que d'esprits ici ! Ils
« forment chacun comme un nuage ; les uns sont
« clairs, d'autres obscurs, ils tournent çà et là ;
« parmi eux je vois aussi quelque chose qui brille,
« ce ne sont pas des esprits, mais les gaz qui
« s'échappent des corps en putréfaction ; ce sont des
« feux follets. » — Nous lui recommandâmes de regarder aussi derrière l'église.

« Je vois le to..beau de Mamiani ; que de fleurs !
« Lui aussi erre près de sa tombe. » — Peut-on l'appeler ? — (Après un silence). « Il voudrait saluer l'un
« des Messieurs présents ici. » — Lequel ? — « Mon-
« sieur L. » — Et se retournant vers lui, le médium
lui dit : « Ta conduite est excellente. » — Celui-ci
avait vécu avec Mamiani, en grande familiarité, chose
ignorée de nous tous, ce monsieur étant étranger
ainsi que je l'ai déjà dit ; nous promîmes à Mamiani
de prier pour son repos. Il répondit : « Vos prières
« nous sont utiles ; si nous ne les avions pas que
« deviendrions-nous ? » — Il lui rappela les preuves
qu'il avait eues de sa bienveillance, et la gratitude
qu'il lui devait. — « Quand on fait de bonnes actions,
« il est juste que l'on en soit récompensé. Je ne puis
« dire que je sois dans un état de grande souffrance ;
« je l'avoue, ma vie dans ce monde ayant été très
« longue, il n'est pas étonnant que j'aie commis quel-
« ques fautes, non point de celles qui doivent entraîner
« une grande punition. J'éprouve un grand soulage-

« ment par les prières de ma pauvre femme et celles
« de quelques amis tels que vous. Les personnes
« dont la pensée se tourne vers moi sont nombreuses,
« mais ce n'est pas la froide pensée qui nous aide ;
« seule la prière bien sentie nous soulage. » — Après
ces réponses cet esprit nous quitta (1).

Le 7 novembre, le médium hypnotisé fut interrogé
plusieurs fois ; voyait-il quelqu'un ? Pendant longtemps il répondit non, et enfin vit un esprit qu'il ne
connaissait pas. — Prie-le de te dire son nom. —
« Il ne parle pas. » — Prie-le de parler par ton
intermédiaire. — « Je ne peux rien lui arracher. » —
Est-il seul ? — « Non. » — Qui vois-tu encore ? —
« Une dame. » — Comment s'appelle-t-elle ? —
« Gertrude. » — Est-elle déjà venue ? — « Non. »

---

(1) Cet esprit, le 31 mai 1885, avait écrit par ma main. — « Je
« te suis très reconnaissant d'avoir mis au jour le but suprême de
« mes œuvres. (Il faisait allusion aux épigraphes que j'avais eu
l'honneur d'être chargé d'écrire) ; « Je me sens soulagé à mesure
« que je sens en moi, plus active, l'influence divine. Le dixième
« jour de ma renaissance. » (En effet, il était mort le 21 mai). — Le
jour suivant, l'ayant de nouveau appelé, il écrivit : « Il m'est très
« agréable de faire l'expérience de ce qui était resté douteux et
« incertain pour moi ; cela m'eût semblé précieux, si je l'avais tenu
« pour inéluctable. » Et huit jours après : « Ami, ce soir j'aime à
« m'entretenir avec toi. Des murailles de bronze ne séparent pas,
« comme on voudrait le faire croire, ceux qui sont sortis de la lutte
« de la terre, et ceux qui se trouvent encore dans les voies ardues
« d'un monde misérable. Dieu en soit loué, il a permis de faire le
« bien et d'aider au progrès humain plus que jamais, même à ceux
« qui, par l'âge, paraissent déjà en être incapables. » Et le 18 septembre 1886, avec la table typtologique, il déclara ce qui suit :
« Aujourd'hui l'amour que sur terre j'ai porté à la poésie
« ranime mon esprit. Je vois l'union de l'invisible avec l'homme. »

—Est-elle en rapport avec quelqu'un de nous? —
« Non pas en rapport d'amitié ; c'est une simple con-
« naissance de Rossi, de vous, du docteur et aussi
« de moi. » — Est-elle morte depuis peu? — « Il n'y
« a pas longtemps. » — Veut-elle dire son nom de
« famille? » — Le médium le prononça; c'était justement celui de la personne qui avait fait connaissance
avec les messieurs dont elle parlait.— Veut-elle nous
dire quelque chose? — « Elle veut qu'on se sou-
« vienne d'elle. » — Comment est-elle venue? —
« Spontanément, mais guidée par d'autres esprits. »
Soudain, d'une voix altérée, le médium s'écria :
« Me voici. » — Qui es-tu? — « Un pauvre malheu-
« reux; tu ne me reconnais donc pas? » — Te déplaî-
rait-il de nous dire qui tu es? — « Oui, parce que vous
« l'avez compris. » En effet, comme il était déjà venu
d'autres fois, sa façon de se présenter, son état et le
ton de sa voix nous avaient fait comprendre que
c'était un pauvre suicidé bien connu et cher à l'un de
nous. — Tu es donc celui auquel nous pensons? —
« Oui. » — As-tu quelque chose à dire? — « Mes
« prières habituelles. » — Ta position ne s'est pas
améliorée? — « Peu. » — Dis-nous si nous pouvons
t'aider en quoi que ce soit? — « Mon père, ma mère.....
« je voudrais..... je ne puis pas. » Comme nous insis-
tions, il continua : « Je voudrais, mais c'est inutile ;
« qu'ils fassent oublier à quelques personnes le dé-
« dain qu'elles ont de moi; c'est impossible : elles
« ont raison. Souvenez-vous de moi. Je ne puis dire
« autre chose. » — Nous te remercions d'être venu.
— « C'est moi qui dois vous remercier de vous être

« souvenus de nous, les morts, dans ce jour commé-
« moratif, (le 2 novembre). Je ne suis pas venu, parce
« que vous aviez ici d'autres esprits bons, qui ne sont
« pas coupables comme moi. Si mes parents étaient ici,
« je pourrais dire d'autres choses. » Cet esprit s'étant
présenté d'autres fois, s'exprima ainsi : « Mon esprit
« est très souffrant; ma faute est grave. Je suis si mal-
« heureux! J'éprouve toutes les conséquences de la
« faute que j'ai commise, et mes souffrances seront
« très longues. Je pouvais laisser mon corps avec
« honneur, je l'ai abandonné par un crime contre moi-
« même! Que Dieu ait pitié de moi, il ne console pas
« vite celui qui détruit son œuvre. » — Espérons que
tes prières et les nôtres te soulageront. — « Oui,
« mais la faute doit être expiée. Pardonnez-moi. Ré-
« fléchissez aussi, vous tous, que la faute c'est là un
« moment; oui, sur la terre c'est un seul moment ! ici
« c'est un siècle! Après avoir presque passé ma jeu-
« nesse noblement, après avoir été bon fils et bon
« frère, j'ai tout détruit follement. Je suis certain que
« vous prendrez mes paroles comme un conseil, non
« pas que je veuille vous offenser, mais avant d'ac-
« complir une action quelle qu'elle soit, souvenez-vous
« que la faute n'est qu'un moment! Fuyez l'occasion
« mauvaise, cause de tant et tant de fautes. Une
« pensée, une prière, un pardon, c'est tout ce que je
« vous demande; souvenez-vous de moi, non pas
« comme d'un coupable, mais comme d'un pauvre
« malheureux. »

Le même soir l'esprit d'une dame se fit reconnaître
par son fils; après le médium gesticulait et semblait

causer avec quelqu'un. Nous lui demandâmes avec qui parlait-il ? — « Avec un esprit que je ne voyais plus depuis longtemps. » — Qui est-ce ? — « Je puis vous « dire son nom qu'il m'a donné autrefois, c'est Ma- « riano. » — Après. — « J'aurais à vous faire un « petit reproche : Vous vous êtes trouvés ensemble en « différentes soirées, et vous ne vous êtes pas sou- « venus du pauvre Mariano! Mon ami, (dit-il en se « tournant vers un de nous qui lui était plus familier), « n'éprouve plus de plaisir à causer avec moi ? Pour- « quoi ce changement ? Peut-être n'ai-je pas donné « des preuves assez évidentes de mon individualité ? « Va, tu n'es pas trompé, c'est moi. Pardonne si je « te parle ainsi, c'est comme si nous étions encore « ensemble; tu es froid, parce que tu ne me vois pas? « Si tu savais comme je me trouve bien ici. Peut- « être, auparavant, pour ma mort récente vous vous « souveniez de moi plus souvent!... Ne vous offen- « sez pas, amis, si je parle ainsi. Vous avez raison de « laisser la place aux parents que vous aimez; votre « jeune ami vous avoue que se détacher du monde lui « déplaît; je remercie Dieu de n'avoir pas beaucoup « de fautes à expier. Si je le pouvais, je ferais tout « pour vous donner des preuves sérieuses, et combien « de choses filiales je voudrais dire à ma pauvre « mère! C'est inutile. Ma pensée est toujours tournée « vers vous, » Après quelques conseils, il ajouta : « Je ne puis partir sans vous serrer la main. Je vou- « drais vous la serrer à tous en même temps. » Ici le médium nous tendit la main, et tous nous la pres- sâmes; lorsque nous nous en fûmes détachés, la main restait tendue, parfaitement cataleptisée et, malgré tous nos efforts, nous ne pouvions la faire se baisser. L'esprit, par la bouche du médium, comme pour s'amuser, disait : « Remettez-la donc à sa place. » Après d'autres efforts de notre part il nous pria, à nouveau, de lui serrer la main de tout notre cœur, ce que nous fîmes tous, et semblables à la détente d'un ressort, le bras et la main perdirent leur rigidité, tombèrent avec un abandon naturel sur les genoux.

Après un intervalle de repos l'un de nous demanda ce qui suit : Outre Mariano, y a-t-il quelqu'autre esprit? — « Oui. » — Connaît-il quelqu'un de nous? — « Oui. » — Qui? — « Vous-même. » Est-ce quelqu'un de mes amis? — « Ce n'est pas un homme, c'est une femme. » — Une parente? — « Non. » — Une connaissance? — « Oui. » — Morte depuis longtemps? — « Non. » — Jeune? — « Oui. » — M'a-t-elle connu à Pesaro ou ailleurs? — « Ailleurs. » — Où? — « Maintenant elle ne parle pas, elle ne « fait que des gestes. (Par des signes elle fit comprendre que l'endroit était éloigné, mais qu'il était commun à tous les deux.) — Que veut dire l'esprit? — « Qu'il est de votre pays. » (Ensuite, par des gestes, le médium indique que depuis l'enfance ils avaient grandi ensemble.) — Tous les deux dans la même maison? — « Non. » — Quelles relations y avait-il entre nos familles? sommes-nous parents? — « Non, amis. » — Etes-vous souffrante? — « Pas « beaucoup. » — Puis-je vous être utile? (Du geste elle indique la prière). — N'y a-t-il pas, dans ma famille, une personne qui prie pour vous? — « Si; (et par des gestes elle indiqua une dame très liée avec celui qui l'interrogeait, c'est-à-dire, comme celui-ci le comprit, sa mère). Puis le médium fit d'autres signes, tantôt approchant les index pour exprimer l'union, tantôt l'annulaire. L'interrogateur ne comprenait pas, mais il me semblait avoir compris et je demandai : Peut-être y a-t-il eu, entre vous et cette jeune femme, quelque projet de mariage? — Oui, répondit l'ami, ma mère désirait ce mariage. — Nous le priâmes de nous dire l'initiale de son nom, et soit en comptant avec les doigts, soit avec la voix, il nous indiqua la lettre F, qui correspondait à son nom; l'interrogateur dit alors: « C'est suffisant, je n'ai pas besoin d'autres renseignements. » L'esprit continuant à toucher, à plusieurs reprises, l'annulaire du médium comme s'il montrait un anneau matrimonial, et ensuite, son cœur pour exprimer une grande douleur, il me vint à l'idée de lui adresser ces paroles : Ce malheureux esprit a-t-il eu un mari qui l'a fait beaucoup souffrir? — « Excessivement, répondit l'ami, elle est morte de la phthisie et des chagrins éprouvés dans ce mariage. »

— Toute cette pantomime fut admirable. Si l'interrogateur seul qui connaissait la personne et sa vie, si lui seul en eût compris le sens, on eût pu soutenir qu'une idée préconçue lui faisait attribuer un sens précis à des gestes indéterminés ; mais le fait est que moi, qui ignorais tout, j'interprétais ces gestes exactement, et mon ami les confirmait.

Au mois de novembre, la vieille mère du médium

était gravement malade à Fabriano ; le 14, à peine hypnotisé, il demanda dix minutes de liberté.

Nous pensions que pendant ce temps il allait visiter sa mère. Ce temps écoulé Moroni l'interrogea ainsi : As-tu vu ta mère ? — « Il vaut mieux que vous ne m'en fassiez pas souvenir. »

Le médium agit de même le 21. Moroni lui demanda : As-tu été dirigée vers ta mère ? — Oui, les choses sont dans le même état. Je la reverrai. — De quelle manière ? — J'irai. — Ce n'est donc pas aussi grave qu'on le croyait ? — Si, c'est grave, mais un bon esprit me dit que j'irai. — Est-ce mon père qui te le dit ? — Oui. — Est-il tout seul à présent ? — Oui. — (Ensuite). — Il y a à présent un autre esprit. Je ne le connais pas... Il me tâte le pouls, puis il fait des signes à Moroni pour lui indiquer qu'il est une de ses connaissances. Il ajouta : Par ce que je puis comprendre, il me semble que c'est un médecin. — Prie-le de s'expliquer ? — Il ne parle pas ; il paraît qu'il ne peut pas le faire. — Comment se trouve-t-il ? — Plutôt souffrant. Je sens comme un poids sur le bras, ce poids je ne puis le supporter. Il voudrait que j'écrivisse. Il connaît Rossi, Moroni, mais non les autres. Peu à peu le médium épela le prénom de l'esprit et y ajouta le nom. — Il souffre, l'infortuné. Il vous prie de vous souvenir de lui. Quelle fatigue j'éprouve avec cet esprit ! Il ne peut plus rester ici. — Après quelques instants de repos, le médium reprit : As-tu reçu mes salutations ? — A qui parles-tu ? — A mon fils. Il indiquait l'un de nous qui lui répondit : Y a-t-il longtemps que tu es venu me sa-

luer ? — D'abord je t'ai fait saluer avec l'aide du médium; aujourd'hui je suis venu vers toi et vers ton ami
qui est ici; j'ai dit que ce soir je te reverrais, et cela je
l'ai dit aussi l'autre soir. — Cette réponse était
merveilleuse de vérité, parce que le médium qui parlait ne savait pas que, le matin, à la table typtologique, cet esprit avait promis à son fils et à l'un de
ses amis, de venir le soir; le fils ne savait rien du
salut que le même esprit avait laissé pour lui le
soir précédent; nous avions oublié de le lui communiquer.

Ensuite l'esprit continua ainsi : « Je te remercie
du souvenir que tu as de moi; tu es un bon fils. Tu
ne me dis rien de ta mère ? » — J'en ai reçu des nouvelles il y a peu de temps. — « Ecris-lui souvent,
parce que son unique bonheur est d'avoir de tes
nouvelles. Seule elle est malheureuse, toujours sa
pensée est tournée vers moi; quatorze ans se sont
écoulés depuis mon départ ! »

Cette désignation de temps fut si précise que le
fils s'écria : Bien que je me rappelle l'époque à
laquelle mon père est mort, j'eus dû cependant penser
quelques instants pour dire depuis combien d'années
mon père m'avait laissé. — Ce monsieur était étranger
et nul parmi nous ne savait quoi que ce soit concernant
son père. — Après un intervalle de temps rempli par
les communications d'autres esprits, le médium fit un
geste de répugnance et dit : « Celui qui vient habi-
« tuellement, le malheureux qui souffre tant. »

Cet esprit s'était présenté d'autres fois; sur lui
nous sûmes qu'il avait été, pendant quelque temps,

professeur dans une autre province; compromis dans
un procès criminel, il fut mis en prison et devint fou;
aussi à notre grande surprise, à cause de la nouveauté
du cas, avait-il l'habitude de nous parler avec ses
facultés mentales altérées; il nous indiquait, dans
son délire, les particularités de sa vie. Nous pouvons,
en conscience, certifier que le médium ne l'avait jamais connu. Nous lui demandâmes : Qui êtes-vous?—
« Je n'ai jamais tué personne. Eloigne-toi ! Je souffre. »
Et, comme je priais, Moroni répétait en parlant à
haute voix les paroles que le médium disait à voix
basse, et je les écrivais; l'esprit se tourna vers lui
avec une phrase d'école: « Dites la leçon. »—Puis.
« —Les peines pour les esprits sont trop fortes. Je
« souffre. Dieu me fait rester encore dans le même
« état où je me trouvais avant de me séparer de mon
« corps. J'ai des moments pour voir toutes mes fautes.
« Ne me plaignez pas, je ne le mérite pas... Non,
« non, je n'ai pas tué... Je ne suis pas coupable...
« coupable !... coupable!... Mais c'est juste que je
« doive expier !... » Ici s'arrête cette communication
spirite, mais, pendant quelques minutes, le médium
délirait en prononçant des paroles étranges qui n'é-
taient point dans l'ordre des idées précédentes.

Dans la séance du 28, le médium fit un geste de
frayeur, et dit: « Me voici. » — Qui es-tu? — « Je
souffre. Je n'ai pas tué. » — Nous te croyons. —
« Croyez-moi, je suis coupable de bien des choses,
« mais je n'ai pas tué. » — Etais-tu informé du crime?
« — C'est à moi que toute la faute incombe, mais je
« n'ai pas tué. On ouvre la porte, qui vient? — Oui,

« on me croit coupable, mais je ne le suis pas. On
« me croit fou, mais quelle espèce de fou? je suis
« (ici il dit son nom). — Vous ne me croyez pas, ce
« n'est pas vrai. — Ecrivez. — Des numéros? Je
« les sais; oui. Je ne puis pas les dire. Les voulez-
« vous? Donnez-moi du papier. » — Ici il prononce
le nom de sa femme, Nena, morte quelques années
après lui dans une maison de détention, et il ajouta :
« Je ne peux te les donner. Et puis tu es un esprit
« comme moi, que veux-tu en faire? Où dois-je
« aller? Je suis enfermé dans une chambre. Oh ma
« tête!... Nena, souffres-tu aussi? Tu es coupable! —
« Depuis combien d'années es-tu avec moi? Nena,
« donne-moi la main. Souffres-tu? — Est-ce que tu te
« rappelles?... psit... Je ne peux pas te parler. Mon
« geôlier... (Allusion à la prison ou à l'hôpital des
« fous). Nena, te rappelle?... psit. Je souffre et ma
« souffrance est méritée. Peux-tu parler? Je ne le
« puis... Veux-tu?.. Nous sommes coupables. Que ma
« famille est à plaindre! Te souviens-tu de ce soir?
« N'en parle pas. — Veux-tu les numéros? Mais non,
« je ne puis pas, non. Je n'ai pas de papier, je n'ai
« pas de plume. » — (Nous vérifiâmes que, dans cette
famille, la passion pour la loterie était grande). —
« J'endure ma punition. Dieu est juste, je la mérite.
« Il me semble que je suis à l'école maintenant. Il faut
« que je m'en aille; je suis forcé. Adieu Nena. Je n'ai
« pas de papier; je ne peux. Je ne sais pas le faire.
« Mais si Dieu me punit? » (il fait des signes avec ses
« doigts), « Sais-tu? Ce sont des signes cabalistiques
« que je fais ainsi. Regarde celui-ci. — L'as-tu vu?...

« Un autre. — Ma tête ! Les voilà écrits. Je te laisse
« parce je dois aller dîner. Veux-tu une prise ? Qui
« est là ? Si (avec ces numéros) tu fais fortune, alors
« donne de l'argent aux pauvres, secoure les malheu-
« reux, les orphelins, les pauvres qui meurent de
« froid. Ainsi tu soulageras mon esprit. Mais que dis-
« je ? Tu ne peux pas. Tu es comme moi. Pardonne-
« moi, il me semble que ma tête ne va pas bien. Il y a
« des moments où je ne sais pas... Si tu peux, (mon
« esprit ne peut pas) révèle par quelque moyen ce que
« je t'ai dit. Qui sait si, pour le bien des malheureux
« et des pauvres, je puis obtenir de Dieu cette grâce !
« Ainsi mes souffrances, qui sont grandes, diminue-
« ront. Adieu, n'oublie pas ce que je t'ai dit. Je n'ai
« pas de papier, je n'ai pas de plume. Ce que j'ai
« écrit c'est pour toi. Oui, je te quitte, parce que j'en-
« tends que mon géôlier m'apporte à manger. Je ne
« suis pas emprisonné ! Amis... (je ne suis pas digne
« de vous appeler mes amis) avec les prières vous me
« soulagez. Je suis importun, mais peut-être de tous
« ceux qui m'entourent c'est moi qui en ai le plus be-
« soin. Etes-vous tous bons ? — Non, mais quoi ? Il
« est ici et cela suffit. Il faut que j'obéisse ; je m'in-
« cline devant lui ; priez pour moi et pardonnez-moi. »
— (Il paraît que l'esprit protecteur du médium lui a
ordonné de le quitter). Aussi, à cause de l'impression qui lui était restée, le médium délira pendant
quelque temps, il s'écriait : « Un misérable ! Non. —
« Il m'a mis sur la tête un chapeau qui est lourd...
« mais cela ne fait rien... Je dois aussi sortir, mais je
« ne vais pas, non... J'irai chez ma mère. Je suis

« fatiguée d'avoir marché tout ce temps. J'ai la tête
« lourde. Je ne suis pas folle aussi...

— Ce malheureux revint plus tard, le 5 décembre,
avec l'esprit assez calme, ce dont il nous dit la
cause. — Ce soir-là, après d'autres entretiens spirites, nous remarquâmes chez le médium des signes
de répugnance. Nous comprîmes qu'un esprit souffrant
s'en était approché, et nous nous recueillîmes. D'une
toute autre voix, le médium nous dit alors : « Je vous
« remercie pour vos prières. Je souffre toujours de
« même. Otez-moi ce bandeau que j'ai sur les yeux.
« Je ne puis voir comme les autres. C'est mon châti-
« ment, je le mérite; j'ai été trop coupable. Peut-être
« je rêve? Non, je suis éveillé. Mon châtiment est
« réel, c'est ma faute. J'ai été un bon garçon. Avec
« l'âge, les vices et les mauvais sentiments grandirent
« aussi. J'ai commis, en outre, des fautes ; j'ai fait du
« tort à mes amis, à mes frères, à tout le monde. Oui
« j'ai été méchant. Aussi j'étais mal entouré... — Il
« est vrai que si l'homme a de bons sentiments, il
« ne les change pas si les plus méchants s'approchent
« de lui. Je n'ai pas agi ainsi. J'ai pris tout le mau-
« vais et j'ai laissé le peu de bien qui était en moi.
« Maintenant il ne me reste plus qu'à vous demander
« de me soulager avec quelques-unes de vos prières.
« Quand je me communique ici, pour vous tous, ce
« n'est pas chose agréable, mais j'ai besoin de vous ;
« je suis malheureux, et qui sait pour combien de
« temps je dois l'être! » — Ici il prononça un nom
que nous ne comprîmes pas : « Tu souffres comme
« moi. Vois dans quel état je suis et tu sais pourquoi.

« Tais-toi, tais-toi ; ne parle pas. — Débarrasse-moi
« de cette punition. Dieu, toi qui es miséricordieux,
« qui es un père affectueux, toi qui soulages les mal-
« heureux, oublie mes offenses. Fais que mes peines
« soient allégées. Mon Dieu toi qui vois que mes
« souffrances sont grandes, aie pitié de moi. Je te
« prie, les larmes aux yeux et je me soumets à ta
« volonté. Soulage cet esprit qui souffre depuis plusieurs
« siècles. Il y a peu d'années que j'ai cessé de vivre,
« mais ce sont des siècles pour moi. Tu le sais, toi qui
« vois tout, je voudrais te dire tant de choses ; mais si
« mes lèvres ne peuvent les proférer, regarde dans
« mon cœur et aie pitié de moi. Oui mon cœur sent
« déjà que tu as entendu ma voix : j'éprouve déjà
« quelque soulagement dans mon esprit. Grâce, ô Dieu
« pardonne-moi ; vous aussi, amis (permettez que je
« vous appelle ainsi). Je suis le pauvre Arturo. » La
dernière fois tu t'es présenté en délirant ; ce soir tu es
mieux, tu es assez calme. — « Oui, parce que je sens
« que Dieu est plein de pitié pour moi. Et cet
« esprit élevé que j'ai autour de moi (le protecteur
« Andrea), prie aussi pour le misérable ; quand je
« me communique en agité, le pauvre esprit qui est
« le médiateur (le médium) souffre aussi, et le pro-
« tecteur ne veut pas que le médium souffre. Sa
« prière est acceptée par Dieu. Je vous quitte. Je
« suis trop importun, plaignez-moi. Les souffrances
« m'obligent à venir vers vous. Adieu. A une autre
« fois. »

Nous avons déjà dit que la mère du médium était
très gravement malade, à Fabriano. Sa fille était

impatiente d'aller la visiter. Dans la séance du dimanche 28 novembre, dont nous avons raconté quelques particularités, le médium manifesta la résolution de partir le mardi 30 ou le mercredi 1er décembre. A ce sujet et à la fin de la séance, le protecteur Andrea nous dit : « Vers la fin de la semaine je voudrais « que par l'écriture, ou par la table, quelqu'un de vous « m'interrogeât pour avoir des nouvelles de notre « esprit (c'est-à-dire de celui du médium). Je ne vou- « drais pas que cette pauvre enfant se trouvât « à la mort de sa mère. Je désire qu'elle revienne « à cette place, au plus tard Dimanche (5 dé- « cembre). Je préférerais que ce fût plus tôt; cela « est impossible. » — Quand cette communication fut terminée, le médium leva la main, se pressa le front vers la racine du nez, et tout à coup, en se réveillant, prononça le mot *Dimanche*.

Le mardi, le médium partit pour Fabriano. Le samedi 4 décembre, selon le conseil d'Andréa, quel- ques-uns de nous se réunissaient pour une séance typtologique.

Andréa se communiqua au moyen de la table et frappa ces mots : « Priez ensemble, » et ensuite : « Priez avec la plus grande ardeur. » — Après quelques instants il frappa ces mots : « Demain elle « sera ici. — Adieu. » — Le soir du dimanche (5 dé- cembre,) nous nous réunîmes en séance sans savoir si elle serait typtologique ou hypnotique, nous ignorions si la somnambule était revenue. A l'heure habituelle nous la vîmes paraître devant nous. Un ami l'inter- rogea adroitement sur son voyage et son retour. Elle répondit : J'étais décidée à rester quelques jours de plus,et par une lettre j'en avais averti ma tante (lettre que nous pûmes lire); le soir du samedi une fantaisie, comme elle l'appelait, l'avait prise, avait changé sa manière de penser; le matin suivant elle partait, bien qu'elle eût reçu l'invitation à dîner de quelques familles amies, sans revoir sa mère pour ne pas la chagriner davantage. Endormi, Moroni interrogea le médium sur son changement de résolution; il répondit : «J'étais « décidé à rester encore quelques jours, mais vers « huit heures du soir j'ai ressenti comme un comman- « dement si fort de partir, que pendant un moment cela « m'a fait oublier ma mère. » — As-tu trouvé quelque différence entre cet ordre dont tu parles et celui que tu as reçu tant de fois de moi? — « Ce n'était « pas comme d'habitude; c'était doux et convaincant, « comme une voix agréable qui me priait de m'en « revenir; cette nuit aussi il me semblait qu'une per- « sonne, près de moi, insistait pour que je ne chan- « geasse pas ma résolution de revenir. » — Cette voix l'as-tu entendue d'autres fois? — « Oui, mais « jamais étant éveillée; c'est un je ne sais quoi qui a « surmonté même mon affection de fille. » — Puis il changea de voix et dit : « Voici ma promesse main- « tenue. Remerciez Dieu qui m'a fait obtenir ce que je « désirais. Je vous ai donné une nouvelle preuve et, « ce qui est mieux, j'ai arraché cette pauvre fille à la « torture qu'elle endurait. Elle souffrira encore, mais « elle n'aura pas sous les yeux sa malheureuse mère. « Que Dieu lui accorde de nous rejoindre sous peu, « car elle souffre trop !

Quelques-uns diront : c'est une suggestion à longue échéance. Mais cette suggestion, personne de
nous ne l'a faite; elle ne peut être que l'œuvre de
l'esprit d'Andréa. Si ce fut l'effet du hasard seul,
ce fut certainement un grand et beau hasard, bien
intelligent, il faut en convenir!

Le 28 janvier 1887, on tint une séance privée chez
l'illustre dame qui fut la compagne de Terenzio Mamiani, à laquelle tout bon italien doit une reconnaissance inaltérable, parce qu'elle réconforta Mamiani
par son amour et prolongea, par ses soins affectueux,
la vie de l'homme illustre qui a bien mérité de la
patrie et de l'humanité. Chez cette veuve du poète
nous eûmes des faits sérieux qu'il nous faut retenir.
D'un côté Terenzio ne put répéter des choses fixement pensées par sa veuve qui l'interrogeait; d'un
autre côté il en dit beaucoup d'autres auxquelles elle
ne pensait pas, qui étaient ignorées du médium et des
assistants. Si pour les choses auxquelles cette dame
ne pensait pas, son influence eût agi sur le médium,
pourquoi n'agit-elle pas de même pour les choses si
désirées et auxquelles elle avait tant pensé? La veuve,
pour s'assurer de l'identité de l'esprit, le priait de
vouloir répéter certains mots d'affection qu'il avait
l'habitude d'employer pour l'appeler dans les premiers
temps où ils se connurent; et, malgré son insistance,
elle ne put être satisfaite, l'esprit répondait qu'il ne
s'en souvenait pas.

Puis de lui-même, il dit : « Je voudrais te deman-
« der des nouvelles de quelques amis; je voudrais
« savoir s'ils ne conservent aucune relation avec toi. »

De qui parles-tu ? — « Du Docteur » (ici le nom d'un de ses médecins), « en as-tu des nouvelles ? Ceux qui « m'ont assisté dans mes derniers moments me sont « plus chers et je puis mieux m'en souvenir. Ensuite « je ne t'ai jamais remerciée pour le courage et la « constance dont tu as fait preuve en restant auprès « de moi jusqu'à ce que mon esprit ait quitté mon « corps. Je te suis bien reconnaissant pour ces der- « niers soins. Je souffrais dans cet instant-là, je « l'avoue, de quitter toi et ma chère Italie. »

Ensuite, comme elle le priait de lui dire quelque chose sur un manuscrit égaré ou dérobé, il répondit : « Si Dieu me le permet, je ferai tout pour que ton « désir soit satisfait ; ce serait pour toi une grande « consolation. Il faut, ma chérie, te bien persuader « qu'on ne peut tout obtenir. Si les choses viennent « spontanément, c'est bien ; sinon, il faut s'incliner. « Dans ce moment je ne le puis pas. Je ferai mon pos- « sible et je prierai pour te satisfaire. Il y a peu « de temps que je suis sorti de ce monde ; j'ai « commis quelques fautes, ma chérie, il faut les expier. « Quand mon esprit sera plus élevé par tes pensées et « avec la patience que tu auras pour ceux qui, selon « toi, ne satisfont à tes désirs sur tout ce qui me re- « garde, tu le verras, non seulement j'obtiendrai ce « que tu désires, mais aussi d'autres choses auxquelles « tu ne penses pas, dont tu n'as pas la moindre idée (1).

---

(1) Le soir du 7 janvier, ce cher esprit s'étant présenté au groupe des amis réunis, avait répondu à une personne qui l'accueillait avec des paroles de grand respect. « Laissez vos compliments ; « je suis un pauvre esprit et rien de plus. Votre monde est tout

Ensuite, il ajouta : « Quant aux noms, c'est un phé-
« nomène étrange, mais nous ne savons pas comment

---

« fait d'illusions, ici on ne les recherche pas. Si vous n'aviez
« souhaité de causer avec moi, ce soir, je serai venu tout de même,
« et la preuve de ce que j'avance, c'est que, il y a quelques nuits,
« je me suis présenté à votre médiateur (le médium), pendant ses
« rêves, avec l'aide de notre protecteur et par la grâce de Dieu ;
« cela lui fit tant d'impression, que ce soir-ci j'ai pu facilement
« parler. Je suis aussi venu ici par amour, parce que vous me
« priez de venir. » Interrogé sur son état actuel, il répondit : « Je ne
« dis pas avoir commis des fautes qui méritent une forte punition,
« mais une faute entraîne ici une grande punition. Je pensais avoir
« assez honorablement vécu, et ne comptais pas avec des actes que
« je croyais sans importance. Attendons. Attendons que Dieu ait
« pitié de moi. Vos prières me seront profitables, parce qu'elles
« viennent de cœurs bons et sincères.
   Le soir du 10, avec la plus franche humilité il répéta : « Ne vous
« humiliez pas tant devant moi qui ne suis plus rien. Dans le monde
« je fus grand pour quelques-uns, pour d'autres ni bien ni mal, et tu
« le sais... (il s'adressait à son ami), je vous ai dit, à la fin de la
« dernière séance, de me traiter comme un esprit et rien de plus.
« Si je pouvais revenir à la vie, j'agirais différemment : je serais
« humble, parce que, s'il y a une faute grave à expier, c'est celle de
« l'orgueil. Si Dieu nous donne le bonheur de comprendre mieux
« que d'autres, ce doit nous engager à être humbles devant Dieu et
« les pauvres d'esprits. On ne doit pas mépriser les pauvres, ni avoir
« d'ambition ce dont j'avais ma bonne part. J'étais glorieux de
« m'entendre louer pour mes écrits, pour quelques petites poésies,
« et je n'eus dû faire autre chose que remercier Dieu, rien de plus.
« Il termina ainsi : » Je voudrais revenir sur la terre pour suivre
« assidûment les investigations que vous faites. A Paris j'ai entendu
« parler quelquefois de magnétisme et de spiritisme, ce qu'on ap-
« pelait alors les tables tournantes ; je n'y pris aucune part, n'y
« croyant pas Je ne pus m'en occuper, ma position exception-
« nelle m'obligeant à aller tantôt dans un endroit, tantôt dans
« un autre, étant poursuivi injustement, vous le savez tous.
   « Je vous laisse prendre ma part et vous aiderai en tout ; JE
« SOUHAITE QUE MON NOM PUISSE VOUS SERVIR, non par ambition,
« mais pour le bien de l'humanité, et que les personnes qui évoquent

« et pourquoi nous ne pouvons nous les rappeler, et il
« semble que quelquefois cela dépende de l'esprit qui

---

« les esprits soient honnêtes, afin que le spiritisme puisse marcher
« de l'avant, de génération en génération. Je serai souvent avec
« vous, tant que je le pourrai et tant que Dieu me le permettra,
« parce qu'il y a un Dieu, et tu le sais, mon ami, j'ai toujours cru
« en Lui. J'ai souffert pour l'amour de la patrie. Je voulais faire du
« bien, mais en même temps j'étais ambitieux ! Je n'ai pas d'autres
« fautes sur la conscience. Si j'ai fait quelque chose de bien, Dieu
« m'en a accordé le mérite, ou plutôt la récompense.

Depuis ce jour-là, notre cher Térenzio devint l'esprit familier
de notre cercle ; il se présenta à toutes nos séances. Il revint à
nous, le 4 février, au sujet de sa foi en Dieu, il nous dit : « Ceux
« qui disent n'y pas croire, sont ceux qui y croient le plus. Ils
« pensent, en disant qu'il n'existe rien, énoncer une gentillesse. Oui
« il y en a un, il y en a un Qui existe. — Son ami lui répondit : « Je
« crois, et j'espère en Lui ». — Et Mamiani ajouta : — Tu sais que
« Térenzio aussi y croyait. Je ne croyais pas à autre chose, et je
« n'ai commis aucune faute. — Tu étais si bon ! — Je veux dire
« que je n'ai commis aucune faute en ne croyant pas à autre
« chose.

Quant à ses doutes sur le spiritisme, le 17 janvier je le priai de
me dire, sincèrement, quelle impression lui avait fait mon petit
livre, qui lui était dédié, sur ce sujet ; il répondit : « Je l'ai entière-
« ment lu, comme je te l'ai dit l'autre fois, mais je n'étais pas con-
« vaincu. Parfois je croyais ; d'autres fois je pensais que par lui
« l'imagination s'excitait un peu trop ; je n'ai jamais tourné la chose
« en ridicule comme tant d'autres. Je te le répète, je l'ai lu avec
« plaisir et j'ai cru à ce qu'il contenait, en partie, tout en crai-
« gnant que l'imagination ne donnât lieu à des exagérations.

Ce jugement est conforme à celui qu'il donna sur le spiritisme
dans le numéro de décembre 1876, de sa Philosophie des Ecoles
Italiennes. (Le médium pouvait-il vraiment le connaître?) Un autre
soir, revenant sur le même sujet, tout à coup il s'écria : « Qui
« donc eût pu penser que Térenzio parlerait encore à ses conci-
« toyens? Et pendant ma vie, je ne niais pas complètement cette
« chose là ; je ne croyais pas que l'esprit s'anéantisse sans laisser
« une trace, mais je n'aurais pu supposer que ce fût à ce point?

« se communique, et quelquefois de celui qui l'inter-
« roge. » Sa veuve lui ayant demandé de vouloir lui
réciter quelques strophes de ses poésies, il répondit :
« Actuellement je ne le puis. Oui, j'ai écrit, j'ai fait des
« poésies qui sont bien mortes, hélas !... » Pourquoi ?—
« Parce que, en ce temps... Je ne crois pas que les
« hymnes religieuses aient été des meilleures, mais...
« celle de sainte Rosalie... » — J'ajoutai : de sainte
« Térence. — « et de tant d'autres ! Il ne m'appartient
« point de juger si elles furent belles. J'ai fait ce que
« j'ai pu; d'autres compositions... Je ne sais pas si
« tu te souviendras ?... l'époque de Sainte Croix, à
« Florence, qui me fut fatale ! » — Ici, avec un langage incorrect, à cause de l'imperfection du médium
(comme il l'explique lui-même dans une autre séance)
il fait allusion à ses sonnets sur les Monuments de
Sainte Croix, composés en 1826 ou 1827, quand il fut
envoyé à Florence par son père, pour se consoler du
grand chagrin que lui avait causé la mort d'une jeune
fille bien-aimée; ces sonnets inspirés par le patrio-
tisme, indiquèrent, d'une manière fatale, le chemin
qu'il avait à parcourir dorénavant et qui le conduisit à
l'exil. Il continua ainsi : « Et tant d'autres écrits dont
« je ne me souviens plus à présent, et dont même
« les autres ne se rappellent » (en souriant). — La
veuve répondit : « Tu as, mon cher Térenzio, beaucoup
« souffert. — « Mes souffrances ont été nulles; j'aurais
« voulu souffrir davantage pour faire du bien à l'hu-
« manité, à ma patrie; j'ai fait peu ou rien, n'est-ce
« pas vrai? J'espère ne plus revenir, sous une autre

« enveloppe, dans le monde où vous êtes, mais si j'y
« dois revenir, je voudrais que ce fût comme le con-
« tinuateur de Térenzio, rien de plus. Je n'ai pas de
« fautes graves à expier; quant elles seront effacées
« j'atteindrai le séjour souhaité. Je l'espère, ce sera
« la seconde et dernière fois que je me serai incarné
« dans votre monde.

« Tu te souviens donc d'une existence antérieure ?
— Oui, et je vous en parlerai une autre fois (1). —
« Oh! ma chère ville de Gênes, où j'ai passé les meil-
« leures années de ma vie! Je te remercie en esprit,
« toi qui m'as donné tant de consolations; là j'ai
« trouvé un ange, la compagne de mes joies, de
« mes déplaisirs, de tout en un mot; je ne puis
« oublier certains moments qui me font verser des

---

(1) A l'égard de cette existence antérieure, il nous dit, le 7 février
dernier : « Je vous ai promis de vous faire connaître ma première
« existence. C'est vrai, j'ai obtenu de Dieu de revenir sur la terre
« dans ma seconde existence, en lui promettant que je serais
« humble et que je ferais du bien; j'ai souffert pour expier les
« fautes de ma première existence et celle-ci avait été assez mau-
« vaise. Je naquis pauvre et ma mauvaise conduite me rendit
« encore plus pauvre. Elle fut de peu de durée et je fus ingrat en-
« vers Dieu. Après avoir quitté la terre, mon esprit se présenta de-
« vant Dieu; j'expiai, pendant quelque temps, les fautes que j'avais
« commises; grâce aux prières que j'adressai à Dieu, et à cause de
« mes promesses, j'obtins une seconde existence. Quant au reste,
« mes chers amis, vous le savez, je n'ai pas commis de fautes
« graves, néanmoins j'en ai quelques-unes à expier; je ne sais pas
« si Dieu voudra que cette existence soit la dernière. Avec le temps
« et les prières, je pourrai le savoir. Maintenant je ne le puis, il y
« a trop peu de temps que mon esprit est séparé de son corps.
« L'avenir à prévoir est chose difficile et obscure.

« larmes de joie et remercier Dieu. Toi, mon amie, te
« souviens-tu de nos années heureuses? En disant
« cela je ne pense pas que nous n'ayons pas été heu-
« reux pendant les autres années, seulement je te
« rappelle une époque spéciale, celle de 1850 à 1856.
« Tout est accompli! Pensons à l'avenir.

Sa veuve lui ayant parlé des fleurs dont elle cou-
vrait toujours sa tombe, il s'exprima ainsi :

« Je te remercie pour les fleurs que tu plaçais dans
« mon cabinet; il y en avait sans cesse et nous en
« avions toujours. Notre jardin n'était pas grand, mais
« gentil; tu n'aimais pas beaucoup les fleurs et ne les
« soignais que pour moi ; tu pensais toujours à avoir
« des fleurs pour moi... Un petit voyage à Rome la
« belle te ferait du bien. Il me plairait beaucoup que tu
« revoies notre ami... » — Qui? — « Cencio. — Je ne
« puis lui donner le nom de domestique, car il me pro-
« digua tant de soins, et versa tant de larmes sur moi
« qu'il ne doit pas te sembler étrange que j'aie une
« pensée pour ce brave homme; il était un esprit tel
« que moi. Avant tout je pense à toi, puis à ce bon
« Cencio et enfin à la brave Dominique, (la vieille
« domestique) qui vit avec toi. Pardonne si j'aie une
« pensée pour eux, mais nous sommes tous égaux.
« Sous le vêtement du pauvre se cache parfois un
« cœur préférable à celui du riche et du noble cou-
« verts de riches habits. »

Il serait long de relater encore les traits principaux
de nos diverses séances. Ayant l'habitude d'en tenir
deux par semaine, et en nous limitant seulement aux
meilleures communications, ou aux preuves les plus

évidentes, nous ferions un travail qui dépasserait notre objectif.

Nous avons promis la relation de simples essais, afin que, devant le réveil actuel des études hypnotiques, l'application surprenante qu'on en peut faire au spiritisme fût plus largement connue.

Aux séances qui ont été relatées plus haut, nous en ajouterons entièrement une autre qui, dans son ensemble nous a semblé merveilleuse; et même par certaines particularités, si quelqu'un les considère attentivement, ce fut une indiscutable confirmation d'une réelle certitude.

Au récit de cette séance, donnée comme dernier exemple, nous ferons succéder quelques communications reçues d'un personnage historique pour compléter le cadre que nous embrassons par un exemple d'un genre spécial.

Le 22 mars courant, en plus des amis habituels, assistaient à notre séance, pour la première fois, un illustre étranger titré que j'indiquerai par la lettre F... et pour la seconde fois un ami que j'indiquerai par un D. Chacun d'eux avait depuis peu perdu de petits enfants. N'oublions pas que le médium ne sait jamais à l'avance quelles sont les personnes qui assisteront à nos séances, et comme elle a l'habitude de se troubler en apercevant de nouvelles figures, nous l'endormions parfois avant de la conduire dans la salle de nos expériences; tout au plus pouvait-elle connaître le nom de famille de l'étranger. Après un autre esprit, Mamiani se présenta en disant: « Me voici à nouveau « avec mes chers amis. Je ne me suis pas trompé en

« disant hier que nous nous reverrions avant vingt-
« quatre heures. »

Mamiani nous l'avait dit le soir précédent, quand
nous ne prévoyions pas que nous nous réunirions le
soir suivant, par rapport à l'arrivée inattendue de l'é-
tranger dont j'ai parlé : « Je dois remercier les bons
« amis qui veulent encore s'entretenir avec moi. Quelle
« joie vous donnez à mon esprit ! Je voudrais ap-
« peler par son nom, sans lui donner un titre qui est
« inutile ici, le cher ami, l'étranger mais il ne m'est
« pas permis de le prononcer... Il se souvient tou-
« jours de moi. Peut-être n'avez-vous pas compris
« à qui j'adresse ces mots ? — Mais il n'y a ici
« qu'une seule personne portant un titre. » Il prononça ce nom en ajoutant : « Si je ne me trompe. » —
F. Non, vous ne vous trompez pas. « Excusez-moi si
« je vous appelle seulement par votre nom comme
« Térenzio veut qu'on l'appelle. Je voudrais vivre à
« nouveau avec vous, mes chers amis, pour servir
« l'humanité; mon ami aussi fera quelque chose
« en ce sens, n'est-ce pas ? » F. Si je le pouvais !
« — « Oui, tu le peux, Dieu t'a accordé un talent
« et un cœur excellents, et tu serviras l'humanité.
« Il y a ici une autre personne, (se tournant vers
D.) avec qui j'ai parlé la dernière fois; c'est lui
« qui a rendu hommage à ma mémoire sur ma
« dépouille mortelle. » (En effet D. avait été l'un
des orateurs qui avait parlé sur la tombe de Mamiani
aux funérailles solennelles qui lui furent faites en
mai 1885). « Vous aussi, pauvres pères, vous désirez
« causer avec ceux qui vous sont chers. Si Dieu me le

« permet, je veux que vos désirs soient satisfaits.
« C'est une chose bien étrange que ces manifestations,
« n'est-ce pas, vrais amis? Jadis nous aurions pensé
« que ce n'était qu'un rêve! (se tournant vers F.)
« Vous qui aimez la poésie, écrivez quelque chose à
« propos des pauvres délaissés, les esprits. Me don-
« nerez-vous ce plaisir, cher F.? » F. Volontiers,
mais le thème est trop sublime pour moi. « Votre ta-
« lent est à la hauteur de ce thème ; lorsque nous
« nous reverrons, je l'espère, nous en entendrons la
« lecture. » F. Si j'avais ton génie ! « Que dis-tu là?
« on ne peut entendre certaines choses! » Après d'autres pensées amies, il conclut ainsi : « Chers amis,
« vivez tranquilles, c'est Térenzio qui vous le dit ; vous
« avez toujours été honnêtes, vous avez des cœurs
« loyaux, et parmi vous il en est un qui fut malheureux
« pour avoir eu un trop grand cœur. — Rendons
« grâce à Dieu, l'honnête triomphe toujours. C'est à
« vous F., que j'adresse ces mots. » (Juste allusion aux
périphéties de sa vie). « Courage, après la bourrasque
« survient le calme. Pour le moment je vous laisse et
« reviendrai plus tard. Pardonne-moi ami, si j'ai dit
« quoique ce soit qui ait pu t'attrister. »

Après quelques instants de silence le médium chan-
tonna ces mots avec une gentille petite voix : « Vou-
« lez-vous me permettre, Ma belle demoiselle ?... —
« Papa! (se tournant vers Monsieur F.) Voulez-vous
« me permettre?... — Papa? — Avec une plume à
« mon chapeau. Ma bourse pleine. N'ai-je point l'air
« d'un beau cavalier? — Cher papa, je te revois ;
« papa es-tu muet, ce soir?... Papa, m'aimes-tu?... »

— F. Beaucoup ! « Maintenant je ne te tourmente
« plus, mon papa... Papa, je suis bien, je suis heu-
« reux, réjouis-toi parce que ton petit Jules est heu-
« reux. Essuie tes yeux... Tu as versé des larmes pour
« moi, mais je suis heureux... parle-moi, c'est ton pe-
« tit Jules...» F. Que veux-tu que je dise à ta maman ?
A ces mots la figure du médium trahit la vive émotion que ressentait l'esprit, et pour la dissimuler il recommença à chantonner : « Voulez-vous me permet-
« tre?... — Papa, pardonne-moi si je me présente à toi
« en chantant ; je me suis éloigné de toi presque en
« chantant. Tu sais, c'était ma passion ! » C'était très
vrai, les petits airs de Faust étaient ceux qu'il aimait le
plus. « Papa, baise pour moi ma chère mam... »
il s'interrompit en pleurant ; ensuite il recommença
tout bas à chantonner, mais sans dire les paroles...
« Papa, c'est ton petit Jules qui te parle. Dieu est
« grand, le sais-tu ! Il a permis que je vinsse vers toi
« et vers tous ces bons amis. Je remercie Dieu; toi
« aussi, cher papa. Papa, je n'ai pas besoin de
« prières. Je regrette d'être séparé de toi et de ma
« chère maman. Adieu papa, sois gai ! ne pleure pas
« sur moi, ce sont des larmes perdues. Essuie tes
« yeux et pense que ton fils est heureux. Messieurs, je
« vous salue tous. » Au revoir, bambino. — « Pas
« bambino ! »

Un autre esprit se présenta, et se tournant vers
M. D. lui dit : « Papa, l'autre soir tu ne m'as pas ré-
« pondu ; quelle joie j'éprouve à te voir ! te souviens-tu
« toujours du pauvre!... pauvre, non; du petit Jean? »
Toujours, toujours ! — « Mon papa, sache que je

« t'aime toujours de même. — Je voudrais te dire
« tant de choses et je ne puis trouver les mots... Tu
« m'aimais tant ! Je vous ai quittés, mais je suis
« heureux. Sous peu je le serai encore davantage.
« Mes chers frères... et maman ? » Elle te pleure toujours. « Oui, pauvre mère ! bien que quelquefois je
« l'aie tourmentée. Mais maintenant tout est oublié ;
« est-ce vrai, papa ? Je veux te parler clairement. Je
« ne reviendrai plus ici. Je suis bien, je prie pour
« vous. Si tu savais, papa, qui j'ai vu ! » Qui ? « J'ai
« vu ma grand'mère. » — N. ? — « Oui. » — Est-
elle bien ? « Oui, oui ; mais non pas comme moi. »
Tu la salueras pour moi. « Tu verras, papa, que
« tu parleras avec elle un autre soir. Et puis j'en
« ai vu un autre, papa, mais je ne me rappelle
« pas comment il s'appelle... Mon papa je ne sais
« pas. » Jeune ou vieux ? « Eh ? pas très jeune. »
Est-ce l'un de mes parents ? « Oui, papa ». T'aime-
t-il ? « Il ne m'a pas parlé ; mais il me regarde
« toujours. » Mais parle-lui donc ? « Je ne le puis !
« On ne peut obtenir tout ce qu'on veut. Si c'était avec
« toi, alors, oui, j'aurais tout obtenu, parce que nous
« étions toujours d'accord ; mais nous sommes dans
« un endroit où il n'y a ni papa, ni maman. Mon
« papa, il n'y a qu'un seul être qui tient lieu de papa
« et maman, c'est Dieu. Sois bon, mon papa, et Celui
« dont je te parle te récompensera quand tu viendras
« rejoindre ton cher petit Jean. Adieu. » Pourquoi
veux-tu t'en aller si vite ? « Ne me le demande pas,
« parce qu'on ne peut rien exiger. Une autre fois, si tu
« ne m'abandonnes pas, ton petit Jean viendra vers

« toi. Je veillerai sur ma famille si Dieu le permet.
« Un salut à mes chers professeurs, si tu as l'occasion
« de les voir, parce que je fus quelquefois méchant
« envers eux (1). »

---

(1) L'esprit de cet enfant, nous donna d'autres belles preuves.
Le soir du 31 mars, entre autres choses il dit : « Il y en a un qui
« m'aime tant; plutôt deux qui m'aiment tant ! » Son père
demanda quelles étaient ces deux personnes ? « Je ne les connais
« pas; j'ai déjà vu l'un, papa; l'autre non... Je l'ai vu avec tant de
« fleurs, papa. » — Quand ? — « C'est celui où tant de monde al-
« lait... celui qui... toi aussi, tu y étais, papa... Celui-là m'aime
« beaucoup. » — Le père ne comprenant pas de qui il voulait parler
lui demanda : Mais où as-tu vu ces fleurs ? « Ce n'est pas où je
« suis, que j'ai vu les fleurs, mais où vous êtes, vous... quand il
« était mort... non, non... on ne peut pas dire mort. » Alors il lui
vint à l'idée que l'enfant voulait parler du splendide convoi de la
dépouille mortelle de Mamiani et dit: D'où as-tu vu ces fleurs ? de
la fenêtre ? « Oui et aussi d'un autre endroit. » Dans la chapelle
ardente ? Qui t'y a conduit ? « Il me semble que ce sont mes frères.
« Je l'ai vu par un trou... la figure. » (Justement le cercueil avait
sur le côté supérieur une ouverture ovale, fermée par un verre et
par lequel on apercevait la figure vénérable de Mamiani). « Il y avait
« aussi, avec moi, celle qui m'aimait bien ». Comment s'appelle-t-
elle ? — Par syllabes, il dit le nom d'une servante qui l'aimait beaucoup. Chaque particularité indiquée était vraie. Il a voulu dire que
l'un des deux esprits qui l'aimaient et le protégeaient était justement
justement Mamiani.

Une autre fois, le soir du 12 avril, voyant son père très ému, il
s'interrompit, et prenant un air enjoué, il changea de conversation,
en disant : — « Alors, que font mes joujoux ? Sont-ils bien ? Ne les
« donne à personne, ce sont ceux de ton petit Jean. Je voudrais
« t'embrasser, mais je ne le puis. Tu as tout ramassé, mes livres,
« mes griffonnages... mon portrait tu le portes comme si c'était
« celui d'une personne ; aussi je pense beaucoup à toi. Comme je
« n'ai presque plus besoin de prier, je prie pour toi, pour mes
« frères. Papa, espère en Dieu ! enfin, papa, tout est en lui, et puis
« en ton fils. Quand retourneras-tu me faire une petite visite, avec
« un autre cadeau, comme celui que tu m'as apporté ? » (allusion à

L'esprit Mamiani se présenta en disant : « Mes
« chers amis, je ne sais si j'ai satisfait vos désirs. Si
« vous avez éprouvé quelques satisfactions, mon
« esprit est content. Si vous avez eu quelque chose
« qui vous ait attristés, pardonnez-le moi. Vous avez
« entendu la voix de ces pauvres anges, je m'en
« réjouis pour vous. Hélas je n'ai pas éprouvé cette
« joie d'être père, mais je m'imagine ce que vous avez
« dû souffrir en vous en séparant. Vous avez éprouvé
« en même temps la joie de les entendre à nouveau,
« mais non pas de les revoir, parce que cela ne
« m'est pas permis. » — Après quelques autres
phrases il se retira, nous disant : « Au revoir : et
« vous (à Monsieur F.) avec le papier demandé dans
« la main. Mais ne vous occupez pas immédiatement
« de cela, je ne le veux pas... je vous ai adressé une
« demande... mais prenez le temps. Si vous n'apportez
« pas vos vers le premier soir, cela ne fait rien ; ne
« vous en occupez pas en présence de ces messieurs. A
« présent, il faut être gai. Bonsoir. » — Monsieur F.
s'écria : C'est vraiment étrange ! En effet, je pensais
au sujet qu'il m'a donné.

---

une couronne portée le jour précédent au cimetière). — « Tous les
« jours tourne vers moi ta pensée, cela vaut mieux qu'une cou-
« ronne. Adieu, mon papa, souris-moi avant que je m'en aille...
« Demain j'irai te trouver, et voir mes joujoux ; fais attention,
« parce qu'il y a quelque chose... » (le médium fait un geste indiquant qu'une chose est de travers) ; « il faut que tu les ranges
« mieux, Adieu papa. » — En effet, le père se rappela ensuite
qu'en mettant en ordre, quelques jours avant, les joujoux de son
fils dans une petite armoire appropriée à cet effet, il avait posé
diagonalement un *bilboquet!*

Après quelques autres manifestations, un esprit se
présenta ainsi : « Amis, bonsoir. Je trouve ici un personnage connu » (allusion à Monsieur D.), « Voulez-
« vous me permettre de le saluer ? Il n'y a pas
« longtemps j'étais encore avec vous, et, si je ne me
« trompe, vous êtes Monsieur D. — Oui, je suis D. —
« Je suis un pauvre esprit. Tel je fus pendant ma vie,
« tel je suis maintenant ; j'expie ma faute. Vous sou-
« venez-vous encore du pauvre E... du pauvre T ? »
(il dit son prénom et son nom.) — Si je m'en souviens ! « Cela me fait plaisir de vous revoir. Je me
« suis déjà trouvé ici plusieurs fois avec d'autres
« amis, et n'ai pas eu le plaisir de vous y voir. »
(En effet, l'ami D. n'y était pas.) « Mon cher ami,
« ma vie a été bien tourmentée, car je fus chassé. »
(Cette pensée d'avoir occupé une position élevée, et
d'être mis dans une place inférieure, fut son constant
tourment). « Que Dieu me pardonne de tels souvenirs,
« je pensais n'avoir fait de mal à personne ; je par-
« donne à ceux qui, peut-être, ont en partie été la
« cause de la fin de mes jours ! Une prière, mes
« chers amis, pour ce pauvre malheureux. »

Monsieur F. qui avait aussi connu ce trépassé, se
tourna vers lui et lui demanda s'il le reconnaissait ?
— « Oh oui ! quoi, cet homme si honnête, si bon, est
« ici, parmi nous ? Puis-je prononcer le mot AMI ?
« Je n'en suis pas digne. Vous rappelez-vous le
« pauvre E ? Vous ne m'avez pas avili comme tant
« d'autres !... » — F. J'ai toujours eu beaucoup d'estime pour vous. — « Je suis un malheureux ; Dieu,
« pardonne-moi si je me rappelle le passé ; je ne hais

« plus. Je te demande pardon si mon cœur a éprouvé
« pendant quelques moments de la haine pour ceux qui
« m'ont fait du mal. Pardonne-moi ; aie pitié de ma
« chère famille. Amis, une prière pour le pauvre E.,
« puisque ses enfants ne se souviennent plus beau-
« coup de leur père ! Je vous salue. »

Un autre esprit vint ; par certains indices et
gestes il nous semblait être un parent de Monsieur F.,
mais il ne put parler, et ensuite il s'en présenta un
autre qui s'exprima ainsi : « Amis... l'ami qui est ici
« (s'adressant à Monsieur D.) me reconnaît-il ? » —
Dis-nous qui tu es. — « Je suis un pauvre mal-
« heureux. J'ai laissé le monde qui est peu de chose ;
« je me suis communiqué une fois et l'un de vos amis
« m'a conduit vers vous (1).

---

(1) Le 23 février précédent, l'esprit de Mamiani, vers la fin de la
séance, avait dit : « Si ce n'était la fatigue de cet esprit (c'est-à-dire,
du médium), je voudrais vous conduire un pauvre souffrant, mon
« ami, mais cela ne se peut. Un autre soir je serai avec vous. » —
Le 28 février suivant, il revint sur le même sujet en disant : « Je
« vous ai promis, l'autre soir, de vous amener un pauvre souffrant,
« mon ami. Vous l'accueillerez avec plaisir et humanité. Je ne sais
« pas s'il pourra se faire comprendre à vous qui êtes si patients ;
« ayez la bonté de l'entendre et de prendre le peu qu'il dira.
« Je vous quitte et reviendrai plus tard, avec cet espoir que vous
« aurez compris quel est son nom ; adressez une prière à Dieu, pour
« que le médium dont nous nous servons n'en souffre pas. » —
Quelques instants après, le médium dit : « Il y en a un ici que je
« n'ai jamais vu. Le pauvre malheureux souffre et ne peut s'incarner
« en moi. Magnétiseur, donnez du fluide à ce bras » (le bras droit
était resté replié). — Après, avec difficulté, lettre par lettre, l'esprit
donna en entier son prénom et son nom, ajoutant ces mots : « A
« ma sœur, paix pour moi. » — On ne put rien obtenir de plus, et le
médium ajouta : « Je ne puis l'écouter, cela me fatigue trop. Je n'ai
« rien entendu de ce qu'il a dit. » — Quelques-uns, parmi nous,

Je lui répondis : Je crois avoir compris qui tu es.
Cependant je te prie de le répéter. — Alors il nous

---

avaient connu cette personne pendant sa vie ; même pour ceux
qui l'avaient connu il y avait trois faits ignorés : 1° qu'il
avait été l'ami de Mamiani ; 2° qu'il avait une sœur ; 3° quelle
était la cause pour laquelle le bras du médium était resté raidi.

Nous nous adressâmes à la courtoisie de Mme la comtesse, veuve
Mamiani, qui nous certifia la vérité des deux premiers faits, et
quant au troisième, elle nous dit que la personne n'était pas morte
d'apoplexie, mais que, quelques années avant sa mort, elle avait eu
une attaque et son bras droit était resté embarrassé.

De ces divers caractères de faits il ressort, comme nous l'avons
dit ailleurs, que les esprits, spécialement ceux qui se sont désincarnés depuis peu et qui souffrent, ou ceux qui se communiquent
pour la première fois, nous représentent leurs dernières infirmités
corporelles ; est-ce l'effet d'une loi naturelle mal connue de nous,
ou bien veulent-ils nous donner quelques preuves d'identité pour
se faire reconnaître ? nous avons tant d'exemples de ces faits, que
je ne puis m'empêcher d'en rapporter quelques uns, comme sanc-
tion : Le 12 décembre de l'année dernière, au milieu de la séance,
le médium nous dit : « Il y a toujours un esprit qui semble me dire
« A. A. A. » — L'avais-tu déjà vu ? — « Non. C'est un homme. Il
« paraît regarder de ce côté (montrant deux messieurs, le père et le
« fils, des Toscans, qui étaient à Pesaro depuis environ un an). —
« A... il me dit toujours A. Il me semble que c'est la première
« lettre de son nom. » — Est-il vieux ? — « Pas beaucoup. » —
Est-il mort depuis peu ? — « Il n'y a pas longtemps. Il me fait
« signe avec la main, mais je ne puis avoir d'autre explication.» —
Est-il souffrant ? — « Oui. — Il regarde ce monsieur-là » (indiquant
précisément le plus âgé des deux messieurs). — Quelle parenté
a-t-il avec ce monsieur ? — « Je ne peux bien comprendre.» — Le
médium répète plusieurs fois A, puis il y joint n, t. — Antoine ? —
« Oui, c'est son oncle. Il le prie de saluer sa femme pour lui. » —
Et c'était très vrai que ce monsieur avait eu un oncle, appelé
Antoine, mort en Toscane, auquel il ne pensait pas du tout, et qui
n'était connu d'aucun de nous. Dans les communications suivantes
cet esprit put mieux s'exprimer que la première fois, mais en tous-
sant, en bégayant, le médium avait la tête penchée sur la poitrine,

dit son prénom et son nom, et répéta son exclama-
tion de la première fois : « Ma sœur ! » Monsieur F.
se mêla ainsi à ce dialogue : Et moi, t'ai-je connu ? —
L'esprit répondit sur un ton qui notait de l'ennui : « Tu
« m'as connu ! » — F. Fut-ce dans un moment de bonheur, ou de malheur ? — « De malheur... Ami, cou-
« rage, tous nous devons subir des épreuves dans notre
« vie... Cependant j'éprouve beaucoup de plaisir à me
« trouver parmi vous. Je voudrais te serrer la main. »
— (Remarquant peut-être chez F. une certaine
hésitation, il ajouta) : « Ne me la refusez pas... Mon
« cher ami, pardon, pardon ! » — (Le médium ploya

---

et les bras repliés, comme un apoplectique qui a de la peine à
parler ; l'esprit auquel son corps servait comme moyen de manifestation était dans cet état à la fin de sa dernière existence.

Peu à peu cet esprit, ayant amélioré son état moral, put se communiquer distinctement.

Une autre fois nous eûmes un autre esprit qui ne pouvait prononcer que le mot *fils* ; pour le reste il exprimait toutes ses
pensées par une mimique si éloquente, qu'aucun acteur drama
tique n'eut pu l'imiter ; le fils nous certifia, qu'aux gestes, il lui
avait semblé voir son père, lequel, dans les deux dernières années
de sa vie, avait perdu la faculté de parler ; le mot *fils* était l'un des
deux qu'il pouvait encore prononcer.

Finalement, le 10 mars courant, à un moment inattendu, le
médium se mit à pousser des sons gutturaux, creux, semblables à
ceux d'une personne qui tenterait de parler ayant la bouche presque
close. Au début, ces sons semblaient être les notes burlesques, et
nous nous regardâmes les uns les autres à cause de la nouveauté du
fait ; peu à peu nous pûmes saisir les mots et entendre le prénom
et le nom d'un de nos chers amis mort, d'un cancer à la bouche.
La chose fut d'autant plus remarquable pour nous, que cet esprit
ayant été un jour appelé à se communiquer au moyen de la table
typtologique, put s'exprimer convenablement en frappant régulièrement quelques phrases.

ses genoux en faisant un geste de la plus grande humilité) — F. Y. a-t-il quelque moyen de réparer le mal qu'on m'a fait? « Pardon... pardon... une prière ! « Dieu est juste ! » — Le médium était très secoué par cette douloureuse impression. Monsieur F. nous dit : je me doutais, il y a plusieurs années, d'avoir subi de graves dommages de la part de l'esprit qui se présente ici.

Ces doutes, après la scène dont je viens de parler, il voulut vite les éclaircir; au bout de quelques semaines et après une très soigneuse enquête, il eut la certitude absolue de la réalité de ce cas de dommages graves.

Le médium s'étant calmé, Mamiani se présenta pour nous parler ainsi : « Amis, pardonnez-moi; que « la paix soit parmi vous. F. pardonne-moi si je l'ai « fait venir, j'implore ton pardon pour lui. Peut-être « ai-je, par ces phénomènes, été trop fatal pour vous « ce soir; nous voulions, à l'aide de faits irréfutables, « vous donner des preuves et vous engager aussi à « ne pas abandonner nos esprits malheureux. Je vous « souhaite du bonheur; nous nous reverrons à une « séance plus gaie que celle-ci, mes amis. »

Bien des assistants étant partis, notre protecteur Andrea se présenta; il s'adressa à son fils Gigi, et lui dit : « Es-tu content de nous ce soir? nous avons « obtenu qu'il vous fût donné beaucoup, et je me suis « réjoui de ce que toi et cet esprit (le médium), ayez « avec mon aide fait concevoir la grandeur des vérités « spirites. Remerciez Dieu de ce que vous avez obtenu, « et croyez que la victoire appartiendra aux persé-

« vérants. En un mot ne vous découragez jamais, si
« parfois vous n'en obtenez autant;... cela n'est pas
« toujours permis et vos têtes seraient en ébullition.
Nous le priâmes alors de ne jamais nous abandonner.
Il répondit : « Il suffit que mon fils et nos amis ne
« nous abandonnent pas. Nous, esprits, nous sommes
« constants. »

Les communications d'un personnage historique
sont réservées pour un dernier exemple. Je répète ce
que j'ai dit plus haut : Nous certifions que le médium
ne connaissait, ni n'avait reçu de personne les nouvelles auxquelles ces communications se rapportent.
Bien des fois le médium nous communiqua des secrets
domestiques, jalousement cachés, qui ne se trouvent
dans aucun dictionnaire, et quel fait remarquable
d'avoir obtenu de la même source des nouvelles qu'on
eût pu cependant y retrouver?

En outre il n'eût pas suffi de connaître les
articles biographiques; il nous eût fallu l'aide d'un
excellent poète, et lui seul eût pu, avec les seules
dates trouvées dans la biographie, créer les scènes
d'une conversation vive et intéressante comme nous
en avons eu dans de tels cas. — Le 23 juin dernier,
le matin, Moroni en communiquant par l'écriture,
chez lui, avec l'esprit d'Andrea son père, eut cette
promesse que, le même soir, il lui amènerait un collègue;
Moroni n'en parla à personne, et bien moins au médium qu'à tout autre. Le soir, après l'ouverture de la
séance, Andrea se présenta au médium; à la suite
d'échanges de paroles, il dit : « J'ai avec moi une
« personne qui m'est chère, elle vous parlera. A toi

« (son fils) je ne dis rien. Ta malade est parfaitement
« guérie ; cette malade est à toi, à moi aussi. (Allusion
à une enfant tourmentée par la danse de Saint-Guy
et complètement guérie par l'hypnotisme). « Qui sait
« si les nouveaux venus ne profiteront pas de cette
« guérison ? » (ces paroles s'adressaient à deux médecins qui assistaient à la séance pour la première fois.)
« Je ne puis le préciser, mais ce soir vous aurez je
« pense un esprit qui traitera ce sujet; c'est sans
« doute un collègue que vous n'avez jamais eu. —
Moroni demanda : est-ce un médecin, ton collègue ?
« — Non ce n'est pas mon collègue, mais le tien.
« J'ai été médecin et non magnétiseur. » Ici commença une longue conversation de Mamiani avec l'un
des deux médecins, et nous ignorions tous que
ce médecin dût venir; cette conversation était pleine
d'allusions à la patrie du docteur, à un entretien qu'ils
avaient eu, et à quelques faits politiques arrivés dans
la semaine. Puis nous eûmes un parent de l'un de nos
amis. Enfin, après un intervalle de repos, le médium
nous dit : « Il m'endort. » Qui ? — « Je n'en sais rien. »
— Demande le-lui. Est-ce qu'il te fait du mal ? « — Non.
« C'est un vieillard que je n'ai jamais vu. Il m'endort. »
(Il paraît que pour se faire reconnaître comme magnétiseur, l'esprit se présentait en faisant des passes
magnétiques.) — « Il me dit de me tenir droite; Est-
« ce que je suis courbée ? — Oui, tenez-vous plus
droite. — « Il paraît être médecin. » — Puis, chan-
geant de voix... « Je suis vieux; depuis longtemps
« j'essayais de venir parmi vous et n'ai jamais réussi.
« Je vous remercie pour n'avoir pas oublié le pauvre

5

« Antoine. Mes études, dans le temps, étaient trop
« tristes. Il y a 72 ans que je n'existe plus parmi vous,
« et mes études aussi pendant quelque temps furent
« comme mortes ; actuellement elles ont été reprises
« pour ma consolation. Peut-être ne recevrez-vous
« pas de bon cœur un pauvre Allemand?... » Non, non,
c'est de tout cœur, répondîmes-nous, comme pour les
autres esprits. « Je puis vous aider avec le peu que
« je savais pendant ma vie. Cela ne m'a guère servi
« de faire le tour du monde ; un jésuite m'a fait la
« guerre, et le pauvre Antoine devait disparaître. J'ai
« quitté la vie dans ma patrie, mais ignoré ! Mers-
« bourg en Souabe est ma patrie ; là sont mes cendres.
« J'ai étudié constamment ce qui vous préoccupe tous,
« sans aucun encouragement ; de plus je fus traité
« d'imposteur ! » A ces détails nous avions tous compris quel était le personnage ; il continua ainsi :
« Si vous le voulez je puis aussi vous dire mon nom :
« Mesmer, né en 1734, devenu esprit en 1815. Depuis
« longtemps je voulais venir. Si vous m'acceptez je
« serai votre élève, parce que, depuis mon temps
« jusqu'à ce jour, il s'est réalisé bien des progrès ;
« vous n'employez pas le BAQUET? » — Ici nous lui
adressâmes des paroles d'estime et d'affection. —
« Je vous remercie, mes amis. Nous nous en occuperons
« beaucoup, parce que, devant Dieu, je n'ai commis
« au nom du magnétisme aucune faute. Je pourrais
« vous donner des instructions, non par mérite, mais
« au nom de l'expérience. J'étais arrivé à ce point de
« mériter la haine du père Hell et j'ai dû souffrir à
« cause de cette haine. La ville de Vienne me fut

« fatale, car j'ai été obligé de m'enfuir. J'ai obtenu
« bien des guérisons mes chers amis; Je réussissais
« et après le résultat obtenu on prétendait que cela
« n'était pas arrivé. Aujourd'hui notre science est
« acceptée, et cependant, en 1780 elle était déjà née
« depuis plus de 17 siècles. Parfois elle sommeillait,
« puis elle s'éveillait; aujourd'hui c'est son grand
« réveil, jamais elle ne se réendormira. Je vous quitte
« et nous nous reverrons. Peut-être votre magnétiseur
« aura-t-il besoin de quelques conseils? nous en
« reparlerons. Je vous salue messieurs. Ne me
« tenez pas pour un allemand, je suis un esprit
« cosmopolite. »

Le 2 juillet Mesmer se présenta à nouveau, donna
quelques conseils à Moroni, entre autres celui de ne
jamais abandonner la bonne habitude de « magnéti-
« ser de temps en temps; surtout lorsqu'on a fixé un
« jour ne pas laisser le somnambule avec l'esprit
« troublé, car cela le fait souffrir. » Ensuite il ajouta
ce qui suit : « C'est un préjugé de croire que le sommeil
« magnétique soit nuisible, c'est un moyen de prolon-
« ger ses jours. » — Après quelques mots sur Joseph
Cagliostro, tout à coup il s'écria : « Oh ma Paradisi ! » (ou Paradisa comme d'autres l'ont compris). Il
nous quitta ainsi, nous laissant cette curiosité de savoir ce qu'était cette personne? nous pensions que ce
devait être un souvenir adressé à la dame qu'il avait
aimée. Le 5 juillet il se présenta à nouveau, et après
quelques préambules il dit : « J'avais fait constater
« tous ces phénomènes dont Dieu m'avait donné la
« connaissance! L'intérêt a tout détruit. Oh Paradisi! »

Veux-tu nous donner quelques explications sur ce
nom que tu prononces pour la seconde fois? « — Un
« autre soir je vous donnerai des explications. —
« Vous ne me croirez peut-être pas, et si vous voulez
« vous assurer de la véracité de mon assertion, trou-
« vez-en l'exposé dans quelque écrit. C'est une gué-
« rison obtenue qu'on a voulu me dénier pour un vil
« motif d'intérêt. Pauvre jeune aveugle! ces paroles
« suffisent. Maintenant je vous salue. »

Désirant plus que jamais vérifier et en savoir davantage, nous passâmes les jours suivants à fouiller
dans nos bibliothèques. Dans les dictionnaires biographiques ordinaires on s'occupe peu des particularités, nous n'y trouvâmes rien. Dans la Bibliothèque
Municipale nous trouvâmes un ouvrage de ce genre,
très étendu, avec le titre de « Biographie universelle,
« ancienne et moderne, » compilée en France, par une
société de savants, et traduite alors pour la première
fois. (Edition de Venise, Gio-Batta, Missiaglia, 1827,
imprimerie Molinari); à l'article intitulé A. Mesmer,
XXXVII volume, p. 313, nous lûmes ces mots :
« Sans se laisser effrayer par tous ses adver-
« saires, Mesmer entreprit de leur fermer la bouche à
« l'aide d'un grand succès. On peut le dire, pour cela il
« fit un miracle, parce qu'il confirme qu'il fit recouvrer
« la vue à une jeune fille de 18 ans, appelée Paradis,
« dont la maladie n'était qu'une complète *goutte se-*
« *reine,* avec des mouvements convulsifs des yeux qui
« sortaient hors de leurs orbites; sans parler d'une
« obstruction du foie et de la rate qui la rendait
« quelquefois maniaque. Ces infirmités qui avaient été

« inutilement soignées depuis dix ans, par De Stoerch,
« et que le célèbre oculiste Wenzel avait déclarées
« inguérissables, furent guéries par le magnétisme
« animal, administré pendant quelques mois. Les
« yeux rentrèrent dans leurs orbites, les obstructions
« disparurent, la jeune fille recouvra la santé et la
« vue. La faculté entière, dit Mesmer, se rendit chez
« elle pour jouir d'un tel spectacle, et son père se fit
« un devoir de transmettre l'expression de sa recon-
« naissance à tous les journaux de l'Europe. — Cela
« est arrivé en 1777. »

Je n'ajouterai plus rien aux exemples cités. Même
en les multipliant j'en négligerais de très beaux, de
très convaincants; à quoi bon continuer sur ce
thème?

Je dirai à ceux qui ont les aptitudes nécessaires
pour hynoptiser : Essayez avec persévérance, en ayant
l'âme enflammée par l'amour de la vérité, et lors
même que cela devrait contrarier vos opinions certaines et détruire un édifice scientifique qui vous semblait très solide. — A celui qui le tentera de bonne
volonté, qui aura le bonheur de trouver un bon sujet,
et la constance de le bien diriger, je puis dire avec
certitude. (Dante, pardonne-moi si je dénature tes
vers !)

(1)..... i vostri sperimenti
Fian si gagliardi a prender vostra fede,
Che i nostri vi parran carboni spenti.

---

(1) Vos expériences auront tellement ce pouvoir de captiver votre
foi, que les nôtres ressembleront à des charbons éteints.

## III

Ayant présenté assez d'exemples de phénomènes, qu'il me soit permis de finir ce récit par quelques pensées, ayant toutes rapport à la médiumnité hypnotique. La médiumnité, en général, quelles que soient les conditions physiques qui donnent à l'organisme humain l'aptitude de sentir l'influence des forces ou des intelligences extérieures, est, en effet, un état plus ou moins automatique, de sorte que, ou la pensée du médium étant annulée laisse la place à une autre pensée, ou elles sont deux ensemble, mais bien distinctes et indépendantes l'une de l'autre. Excepté les médiums écrivains mécaniques, qui sont les plus rares et qui n'éprouvent rien, en effet, de la pensée de celui dont leur main est le docile instrument, l'état psycologique que j'ai noté est celui de tous les écrivains semi-intuitifs ou tout à fait intuitifs.

Même chez les médiums typtologiques nous avons ces différentes gradations; par intermédiaire de quelques-uns d'eux les esprits soulèvent ou arrêtent mécaniquement la table; c'est seulement après vérification que les médiums connaissent le mot ou la phrase qui leur a été dictée; d'autres médiums, au commencement du mot, le sentent en entier dans leur pensée, et quelquefois ils devinent celui qui suit. Or si le plus haut degré d'automatisme est celui qui satisfait le plus les médiums, les prémunit contre les illusions de leur propre esprit, et ainsi garantit aux assistants la sincérité du phénomène, il est raisonnable de déduire que, plus cet automatisme sera complet, plus grande doit être la sincérité des phénomènes obtenus.

On peut vérifier ce fait dans l'état hypnotique, et c'est à dessein que j'ai affirmé « qu'on pouvait « vérifier », et non «que l'on vérifiait toujours », parce que, dans l'hypnotisme en général, en considérant plus le fait psychologique que le fait physiologique, il semble qu'on doit reconnaître deux états divers : l'un par lequel se manifestent les facultés psychiques actives, l'autre les facultés passives.

Quand la pensée du sujet hypnotisé, ou comme il le dit, son esprit est envoyé au loin pour observer les lieux ou les personnes, dans cet état, s'il raconte ou décrit à l'hypnotiseur ce qu'il a vu, et ce qui est reconnu parfaitement vrai quand l'hypnotisé ne pouvait rien savoir de l'hypnotiseur, ni en recevoir des suggestions, je défie de nier que le sujet ne démontre ainsi les facultés psychiques actives, bien que, en recevant les impressions des choses qu'il observe, il soit entièrement passif; comme il arrive aux personnes qui dans l'état de veille reçoivent des sensations, quelles qu'elles soient.

Il semble que la science ne reconnaisse pas cet état dont nous avons donné quelques exemples, principalement dans nos expériences de la première période; c'est à peine si quelquefois elle le remarque avec l'indication très peu juste de « vision à distance ».

En revanche elle a reconnu l'état passif, état d'inertie qui devient susceptible de n'importe quelle suggestion, ce qu'elle décrit ainsi, à l'aide du docteur G. Magini, dans les *Merveilles de l'hypnotisme* (p. 31):

« Le phénomène le plus important, celui qui domine
« tous les autres, est l'automatisme; si l'on demande
« à un sujet de dire ce qu'il pense, il répondra toujours
« qu'il ne pense à rien et qu'il n'a aucune idée. Un
« somnambule ne pense à rien; son intelligence est
« vide; c'est l'obscurité absolue. Cette inertie psy-
« chique se manifeste avec l'inertie complète de la phy-
« sionomie et des mouvements volontaires. Mais si,
« au milieu de cette obscurité profonde, on vient pré-
« senter une image ou une idée, de suite cette idée
« deviendra prépondérante et occupera l'imagination
« tout entière (Richet). »

Ainsi naît ce que l'on appelle la *suggestion*, que
l'on peut appeler la transmission d'une idée de l'hypnotiseur dans le cerveau de l'hypnotisé. Magini ajoute
ensuite : « La suggestion simplement *mentale*, jus-
« qu'à présent, n'est pas admissible » (pag. 32); 
partant de là, il se borne à dire que l'on obtient la
suggestion « au moyen de la parole, du geste, de la
« vue et de l'imitation (Cullerre). »

Cette théorie, pour nous spirites, serait très com-
mode, et, sans craindre d'être fatigués par les objections de nos adversaires, nous pourrions assurer les
communications que l'on obtient par l'hypnotisme!
mais malheur à ce système fondé sur l'erreur ou sur la
vérité mutilée au profit de thèses personnelles. — Ce
qui est vrai c'est que la suggestion peut être obtenue,
non seulement par les paroles et par les gestes, mais
aussi par la seule force de la pensée, comme nous
l'avons obtenue bien des fois à l'aide d'investigations
suivies; nous sommes satisfaits que cette possibilité

soit reconnue par l'illustre professeur Lombroso, dans ses Etudes sur l'hypnotisme (2ᵉ édition, pag. 25).

Dans cet état automatique on observe un autre phénomène également suggestif, que le Dʳ Magini (pag. 33) appelle « transformation de la personnalité », phénomène appelé par le Dʳ Richet, « objectivation des types », qui consiste en ceci : « le sujet « perd la conscience de sa propre individualité et se « trouve transformé en un autre individu, soit en un « homme, une femme, un chien, un chat, un cheval, « un oiseau ; tout son corps prendra l'attitude de la « nouvelle individualité, par exemple en aboyant, « miaulant, imitant le chant des oiseaux, marchant à « quatre pattes, etc. » — A ce genre de suggestion on peut aussi ajouter celle d'ôter temporairement au sujet l'usage d'un de ses membres, de la mémoire, de la parole, etc. Voilà ce que, en attendant, la science a vérifié dans ses expériences d'hypnotisme.

Or la suggestion mentale, conduite au degré que l'on a appelé *objectivation des types*, est pour nous un fait élémentaire précieux, qui nous ouvre nettement la voie qui nous permettra d'expliquer les communications spirites ; d'un autre côté, par *son insuffisance*, elle nous rassure sur l'origine ultra-terrestre de ces communications.

Pour ces causes diverses nous croyons que, bien à tort, Lombroso écrit : « Les merveilleux progrès « de l'hypnotisme seront la perte du Spiritisme » (pag. 67), pendant que, au contraire, si pour nous ils constituent le pont qui nous conduit au rivage du monde ultra-sensible, et nous font comprendre par

quelle loi l'influence de ce monde ultra sensible se
manifeste, ce sont toutefois des causes tout à fait dis-
proportionnées à la grandeur des effets dont nous
sommes les témoins.

A notre avis l'éminent savant Eugène Checchi
s'est montré plus expérimenté sur ce sujet en écrivant
ce qui suit : « La correspondance immédiate, sûre,
« mathématiquement prouvée avec le monde ultra-
« sensible est vraie ; c'est un soupirail ouvert dans
« ce rideau réputé impénétrable, qui nous cache les
« autres de nous. Cela est le vrai; il n'y a pas d'hy-
« pnotiseur en possession d'armes assez puissantes
« pour l'anéantir ». (Journal *Fanfulla, du dimanche*,
n° 40 de l'année 1886) (1).

---

(1) En conséquence, si le passé est le garant de l'avenir, l'hypno-
t'isme deviendra la voie principale pour arriver au Spiritisme; l'In-
quisition Romaine, qui n'est pas myope, comme messieurs les matérialistes, s'en est aperçue. (Encyclique du 4 août 1856, confirmant la
défense du 21 avril 1841.) En effet, au nombre de ces magnétiseurs
qui ne faisaient pas commerce de leur faculté, combien en est-il
qui ne savaient absolument rien du Spiritisme ou qui s'en moquaient,
et cependant sont devenus spirites sans le vouloir, quand ils se sont
aperçus que ce qu'ils croyaient être une pure fantasmagorie éma-
nant du cerveau de la somnambule, correspondait assez souvent à
la réalité qui n'était pas même soupçonnée! — Si parmi dix hypnotiseurs, un seul, après avoir trouvé une vraie et honnête voyante,
consent à s'abstenir de la tourmenter, de la vicier avec des suggestions, et veuille consciencieusement en étudier les visions sponta-
nées, il est évident que, dans l'espace de dix ou vingt ans au plus,
le spiritisme entrera triomphalement dans les centres Académiques.
— Et les académiciens? Ces messieurs ne seront pas embarrassés
pour si peu. Ils rebaptiseront le Spiritisme, ce qu'ils ont fait pour
le magnétisme! leur dignité sauvée, ils honoreront demain ce qu'ils
conspuent aujourd'hui. (Voir page 118, article V. Sardou).

Laissant à l'écart les médiums écrivains mécaniques, à qui appartiennent plus spécialement certaines merveilles, (par exemple, celles indiquées par le Capuana dans son SPIRITISME? pages 17-24), il y a chez les écrivains semi-intuitifs ou intuitifs et chez les typtologues, une suggestion qui, nous le croyons, provient des invisibles; c'est, jusqu'à un certain point, une objectivation des types parce que, même dans leurs communications, il se trouve une certaine empreinte du langage et de l'écriture qui proviennent des diverses personnalités qui se présentent; c'est pourquoi Maxime d'Azeglio a déjà écrit : « En traitant « chaque jour avec des êtres différents, on observe « des qualités, des manières, des façons si distinctes, « des pensées et des expressions si spéciales et en « harmonie avec la personnalité de l'esprit qu'il « affirme être, qu'à de certains moments on éprouve « une certitude telle qu'on les croit entendre et voir « vivants devant soi. »

Cependant, dans ces circonstances, l'automatisme étant moins complet, l'objectivation des types des différents êtres l'est également; la transmission de leurs pensées est aussi moins abondante et prompte que celle que l'on obtient par l'hypnotisme. Certainement, dans le cas des médiums hypnotiques, de même que les avantages sont plus grands, il y a aussi un danger contre lequel, avec la plus parfaite loyauté, il faut se tenir en garde; c'est celui-ci : Le médium commun peut être illusionné par sa propre imagination, mais il ne peut être suggestionné par les specta-

teurs (1), tandis que le médium hypnotique peut l'être
par son hypnotiseur, et quelquefois aussi par d'autres
assistants. Donc, dans les expériences de médiumnité
hypnotique, il convient, avant tout, de se garder de
toute suggestion; d'un autre côté il faut connaître
avec soin les vraies limites de la suggestion ordinaire,
et ne pas être indécis pour distinguer ce qui peut lui
être attribué de ce que nous savons être le propre
d'une suggestion supérieure (2).

(1) J'eus de ce fait une preuve très certaine, au mois de juin 1872,
avec une personne qui était venue me visiter, avec laquelle j'évo-
quais, par l'écriture, un esprit qui ne m'était pas inconnu et qui lui
était cher. Il me le semblait, je pouvais dire que l'esprit appelé était
présent; je priais le visiteur d'interroger l'esprit et croyais qu'il
l'aurait fait avec la voix, selon l'habitude; prêt à écrire, j'attendais
l'interrogation et sentais ma main poussée à tracer quelques
paroles. Emerveillé, je dis : « Qu'écrit-il actuellement? Peut-être
avez-vous demandé quelque chose à cet esprit ? — Oui, me répondit
le visiteur, j'ai demandé mentalement ceci et cela. — Nous lûmes
la réponse, elle correspondait parfaitement à la demande. A une
seconde question mentale fut donnée une seconde réponse, également appropriée à la demande.

A la troisième l'esprit ne répondit pas, mais écrivit, simplement,
des paroles d'affection. — Or, il était naturel que cette personne
formulât sa demande avec précision, que sa pensée vibrât hors
d'elle-même avec énergie, ce qui constitue la vraie suggestion; et
cependant je n'avais rien éprouvé. Je m'étonnais d'être poussé à
écrire avant que fussent libellées des questions;en outre je ne compris
le sens et la justesse des réponses, que lorsque la personne m'eut dit
quelles étaient ses demandes; cependant si la suggestion avait agi
sur moi, j'aurais dû sentir, dans ma pensée, les questions faites
avant d'en concevoir les réponses.

(2) Ainsi nous disons, pour celui qui ne reconnaît pas encore,
que quelquefois l'hypnotisé est sous la domination d'êtres invisibles.
Quant à nous, nous pouvons affirmer que lorsque le sujet est

Pour observer la première règle, d'ordinaire et principalement dans les expériences de la seconde période, nous nous sommes abstenus même d'évoquer, acceptant les esprits qui se présentaient; si quelqu'un d'entre nous désirait avoir l'esprit d'un être cher, il en faisait la prière aux protecteurs et aux familiers. Ce désir n'était pas immédiatement satisfait, la présence de l'être demandé eût pu sembler l'écho de notre propre pensée, mais très souvent, dans la séance

---

libre de tout être invisible, il entend les paroles et reçoit les suggestions uniquement de son hypnotiseur, ou d'une personne qui, après quelques instants de contact, s'est mise en rapport fluidique avec l'hypnotiseur ou avec le sujet même. Si le sujet est occupé par un invisible, il entendra les questions et les réponses de qui que ce soit, mais à la rigueur il ne peut pas être suggestionné.

En effet, si par suggestion on entend repousser un invisible importun, la chose peut réussir; si l'on veut demander à un invisible une chose qu'il veuille accorder, on peut également réussir; mais si vous entendez (comme le veut le sens naturel de la parole), le faire parler à notre manière, contre son naturel, l'obliger à assurer des choses qui ne sont pas vraies, à exprimer des sentiments opposés à ceux qu'il éprouve, on ne peut réussir.

A ceci les adversaires répondront : « Dans ce cas ce n'est « pas l'invisible qui maintient le caractère de sa personnalité contre « toute suggestion, mais le sujet hypnotisé qui, semblable à un « acteur dramatique, s'est mis en tête le personnage qu'il représente « et ne veut plus rien faire, ni dire, qui contraste avec le caractère « imaginé. » Il n'est pas difficile de dénouer cette objection. Qu'on étudie spécialement ces faits lorsque l'hypnotisé se dit occupé par un invisible qu'il ne connaît pas, mais connu d'une personne présente. — Dans ces cas spéciaux, il n'y aurait aucune raison qui empêche l'hypnotisé de céder à vos suggestions; cependant vous ne pouvez réussir à faire que l'avare s'annonce comme un libéral, l'emporté comme un être doux, l'orgueilleux comme un humble et ainsi de suite; ou bien, selon votre volonté, qu'il mente sur les particularités de sa vie.

suivante, ou après plusieurs autres séances, au moment
où nous y pensions le moins ; et cependant parfois
ce désir n'a pas même été satisfait.

Or cela même prouve que si la demande a pu atteindre son but, ce ne fut pas à force de suggestions,
puisque celles-ci ont un effet immédiat si l'indication
d'un temps postérieur n'a fait partie de la suggestion
même.

Quant aux limites de la suggestion, nous croyons
facile de suggestionner mentalement (pardonnez-moi
ce mot barbare,) les sentiments d'amour, de colère,
etc., les sensations de chaleur, de froid et des différentes saveurs, etc., de faire répéter un chiffre, un
mot, une phrase ; de faire exécuter une action impo-
sée. Mais pour arriver à un effet, même dans ces
modestes limites, il faut que la pensée ou l'ordre,
soit clairement, précisément conçu, et vibré avec
énergie vers le sujet, de manière à ne pas admettre que celui qui fait la suggestion n'en ait pas
conscience.

Une *pensée latente*, une connaissance que l'on possède, mais à laquelle on ne pense pas sur le moment,
ne peut former une suggestion ; je veux parler des
*pensées*, non pas des *sentiments*, parce que, tout au
contraire, la transmission de ces derniers est prompte
et involontaire ; en effet, la bienveillance ou l'aversion,
la confiance ou la méfiance sont *senties* par un bon
sujet hypnotique, même contre notre volonté ; de
même que la bienveillance et la foi augmentent la
puissance, l'aversion et la méfiance l'amoindrissent,
comme si ces sentiments modifiaient l'ambiant, de

manière à le rendre propice ou contraire à la produc-
tion du phénomène.

Si les pensées latentes ne produisent pas de suggestion, bien moins la peuvent produire les *connaissances* sues d'abord, *oubliées* ensuite, jusqu'à ce
qu'une occasion quelle qu'elle soit, externe ou
interne, les rappelle à l'esprit; ces connaissances
oubliées valent autant que si elles n'avaient jamais
existé. Ici on pourrait nous objecter ceci: « Vous dites
que dans ce moment vous ne pensiez pas à telle chose?
je vous crois, mais vous pouviez y penser sans en avoir
conscience; ou encore: Vous dites qu'alors vous ne
saviez pas une telle chose, et je crois qu'il vous en
semblait ainsi, mais vous pouviez l'avoir déjà sue
cette chose, et ne pas vous la rappeler.

Je pourrais répondre : « Essayez de suggestionner
des pensées latentes, des connaissances oubliées. » En
effet, nous inviterions celui qui parlerait ainsi à faire
la contre-épreuve du fait, parce que toute discussion
est impossible avec celui qui ne reconnaît pas le té-
moignage de la conscience; et en se servant de ses propres armes on pourrait justement lui répondre : « Il
vous semble en ce moment de penser ainsi; mais il
peut arriver que, sans en avoir conscience, vous
pensiez tout le contraire! »

Passant à l'objectivation des types, ce complément
de la suggestion qui se rapporte aux personnes,
nous dirons : on peut bien commander, avec la pensée,
au sujet hypnotique « d'être une vieille, un enfant,
un homme, ou une dame, qu'il soit Garibaldi ou
Pie IX ; Chiavone ou Rossini » ; certainement il obéira

comme il le pourra, comme le lui permettront les
idées qu'il a dans l'esprit sur ces personnages géné-
riques ou concrets qu'on lui commande de représen-
ter, et il changera de voix de la meilleure des manières, aussi de sentiments comme cela lui semblera
convenable ; mais s'il ne connaît pas les circonstances
de la vie réelle des personnes concrètes, ni la biographie
des personnages historiques, il ne pourra rien dire de
particulier, ni de déterminé. De même s'il est invité
à écrire en leur nom, il modifiera l'écriture avec ses
caractères de grossièreté ou de délicatesse que Lombroso (p. 6-11) a vérifiés ; mais s'il n'a jamais vu
leur véritable écriture, ni leur signature, on ne doit
point s'attendre à ce qu'il les reproduise.

Ajoutons ce que sincèrement dit Lombroso : « Aussi
« les personnes incultes, même sous la suggestion de
« personnages illustres, restent toujours vulgaires. »

Si nous comparons ces résultats, qui, bien que
notables, sont cependant toujours inférieurs à ceux
dont nous avons donné des exemples, et tout hypnotiseur peut en obtenir de bien plus grands, nous sommes
certains que tout le monde reconnaîtra combien plus
grande et plus puissante doit être la cause qui produit
des effets si grands et si conformes à l'entière vérité.

Dans notre hypothèse il est naturel qu'il en soit
ainsi ; en effet la suggestion, parmi les vivants sur la
terre, ne peut pas n'être difficile et inachevée. Acceptant pleinement les idées de Lombroso (p. 25) (au
moins dans leur manifestation extrinsèque) : « la pen-
« sée et la volonté sont des phénomènes de mouve-
« ment » c'est-à-dire, émission et transmission de vibra-

tions, il est naturel que la pensée, parmi les intelligences renfermées dans un corps, trouve dans la même enveloppe corporelle un obstacle qui ne peut toujours être surmonté complètement.

Aussi ne sommes-nous pas étonné qu'il soit impossible, avec la suggestion, de faire prononcer distinctement un discours long et parfait. Cependant nous, spirites, nous l'obtenons ; même dans les exemples restreints et tronqués que nous avons relatés, nous avons des scènes complètes qui, pour nous, ne sont point des choses surnaturelles.

S'il existe, comme nous ne pouvons pas en douter, des intelligences invisibles, celles-ci, par l'extrême ténuité de la substance dans laquelle leur force s'extrinsèque, pénètrent facilement et occupent le cerveau et tout l'organisme de l'hypnotisé, et par l'automatisme dans lequel celui-ci se trouve alors, non seulement ces intelligences le modifient comme elles le veulent, mais lui font aisément exprimer leurs pensées, en animant les membres et donnant du ton à la voix à leur gré. C'est une véritable suggestion qui n'est pas produite par l'un de nous, mais « bien par des intelligences invisibles ».

Peut-on admettre l'existence de ces invisibles ? Quelles choses prétend-t-on que soient les esprits ? Certainement ils ne sont pas selon cette foi que nous donne Lombroso, quand, s'adressant aux spirites, il les réprimande d'un air impérieux, en écrivant : (page « 67) Donnez-moi mille manières nouvelles de conce- « voir la matière, mais, par charité, ne me faites pas « concevoir les esprits des miroirs et des fauteuils,

« chez lesquels toute vie organique a cessé, et qui, par
« conséquent, n'ont pas même cette espèce de vie
« qu'ont les végétaux, et rappelez-vous que de cette
« façon, nous revenons ainsi au *Totem*, au Fétiche ».

Que le professeur veuille m'excuser, mais dans
quel livre spécial a-t-il lu que les spirites croient que
les glaces, les fauteuils, les tables ont un esprit? On
croit rêver en lisant de telles extravagances! Cependant le professeur Lombroso possède un grand, un
hardi talent, bien libre des entraves du monde académique; il professe le sincère désir de chercher la
vérité, et le mépris des opinions vulgaires, tellement,
que dans plusieurs passages de son livre, on éprouve
de la satisfaction à voir avec quelle indépendance
des préjugés de l'école officielle il rend justice aux
vieux magnétiseurs et aux homœopathes. Pourquoi
a-t-il ainsi, à la légère, excommunié les spirites?
Pourquoi ne s'est-il pas, au moins, inquiété de ce
qu'ils pensent en bien ou en mal? Dans tous leurs
livres, même les plus mauvais, il eût trouvé ceci :
« Ils croient que les tables, et n'importe quels autres
objets, sont des instruments pour les esprits, et qu'ils
sont librement mis en mouvement par eux, comme la
plume par l'écrivain, le pinceau par le peintre, les
ciseaux par le sculpteur. »

Du reste nous ne savons pas ce que c'est que l'esprit, et par contre que ces messieurs avouent qu'ils ne
savent pas mieux ce que c'est que la matière. Et si,
au lieu d'être une chose de nature différente, opposée
à celle de la matière ordinaire, comme la vieille métaphysique l'enseignait, l'esprit était, par origine, de la

même substance, mais à un degré assez différent de
pureté et de perfection, manière d'être qui le rend
capable de sentir par lui-même, de penser, d'aimer,
pendant que la matière qui est à l'état inférieur,
n'est capable de sentir que lorsqu'elle est pénétrée
et vivifiée par l'esprit matière quintessenciée (1)? Si
les pudiques oreilles de nos matérialistes ne peuvent pas endurer le mot *esprit*, à la bonne heure,
appelons-le : « la matière à l'état psychique, ou
l'état psychique de la matière ». Que, si en dehors
des trois états notoires de la matière solide, liquide
et aériforme, la science a reconnu un quatrième état,
c'est-à-dire la matière radiante, qui peut assurer que
cet état soit le dernier et que plusieurs autres états
qui nous sont inconnus ne puissent pas exister, et que,
à tels différents états, ne puissent correspondre des
lois particulières d'organisation et des manières spéciales d'organisme? pourquoi un être ne pourrait-il
résulter de plusieurs genres d'organismes, non pas
l'un superposé à l'autre, mais se co-pénétrants et
constituant une unité complexe, sans que, pour cela,
les évolutions et les transformations postérieures et
un développement successif en soient empêchés?

Il appartient à la science d'observer, de rechercher
jusqu'où elle le pourra, et, argumentant du connu à

---

(1) Il est question de cette hypothèse, préférée par les spirites,
dans le « Spiritisme. Instructions et considérations », — Turin,
Imp. Baglione 1875 pag. 18, 28; dans la lettre à Térence Mamiani,
Pesaro, Imp. Rossi 1877, pag. 31-33, et 177-179; et cette hypothèse
fut suggérée à notre cercle (contre nos opinions scolastiques)
comme on peut le lire dans le « Choix de communications spirites.
— Pesaro, Imp. Rossi, 1875, pag. 5-24; 83-86.

l'inconnu, de se former une opinion sur ce que cet état doit être. Quant à nous, il nous suffit de prouver que des effets dus à quelques intelligences indépendantes de la nôtre se révèlent, et qu'elles ne se présentent pas aux sens dans notre état normal ; et nous disons que ce sont des êtres *ultra-sensibles*, mais non pas *surnaturels*, parce qu'il nous semble que c'est une grande témérité d'imposer à la nature, comme limites, la portée de nos sens et de nos instruments.

Notre illustre adversaire, dans plusieurs passages de ses *Études*, recommande de suivre, pour expliquer certains phénomènes, les lois de la matière, et regrette qu'on ait : « Une sainte, une séminaristique horreur « de tout ce qui rapproche la pensée des phénomènes « de la matière » (p. 25); il soutient que « certains « phénomènes peu communs de sentir et de penser, « entrent dans le domaine de la mécanique et de la « matière » ; et que « un ordre de la volonté transmis « à distance, loin d'être un phénomène immatériel, « n'est qu'un phénomène de mouvement » (page 67).

Il nous semble que M. Lombroso a raison, pourvu qu'il ne limite pas le sens du mot *matière* à ces états uniques qui sont soumis au microscope; si toute force connue s'explique, se manifeste dans la matière et au moyen de la matière, on pourra appeler la pensée : *non immatérielle* ; de même si un acte de pensée ou de volonté, peut se transmettre à distance, certainement il doit y avoir un pont. Et pour cela peut-être, avec trop de hâte, la science a voulu anéantir le fluide magnétique et courir ce danger de devoir le reproduire sous une autre dénomination, puisque les ondulations aériennes paraissent difficilement un moyen suffisant. Mais si l'on veut expliquer l'homme et ses facultés en ne regardant que la partie visible, le plus grand génie vérifie mille faits dont il ne peut donner l'explication.

C'est ainsi que l'illustre écrivain *Louis Capuana*, dans son *Spiritisme?* cité ailleurs (page 207), déduit des faits que nous étudions, cette opinion que les spiritualistes et les matérialistes se rapprochent à l'aide d'une conception intermédiaire de l'esprit; il écrit : « Nous sommes enveloppés par le brouillard des pré-« jugés, nous tous, savants et non savants, aussi bien « les matérialistes qui ont peur de se voir obligés « *par les faits* d'admettre l'existence *d'un quelque* « *chose* qui ne soit pas simplement matière, que les « spiritualistes atterrés à l'idée de voir *ce quelque* « *chose* déchu de l'honneur de pur esprit immortel, « descendre au rang d'un être qui n'est ni tout esprit, « comme ils le comprenaient, ni tout matière comme « le comprennent les matérialistes.

« Le plus curieux, dans ce phénomène étrange, « c'est que l'on a beau les presser les uns les autres, « les premiers ne savent rien de positif, de vraiment « scientifique quant à leur esprit immortel, et les « autres rien de positif, de vraiment scientifique quant « à la constitution de leur matière! »

A dire vrai, M. Capuana, dans son antithèse, aurait mieux fait de nous épargner le mot *immortel* qui lui a échappé, peut-être par emphase rhétoricienne. En somme, si chaque atome de la matière est indestructible, l'immortalité ne peut pas répugner non plus

à l'esprit tel que nous le comprenons, c'est à-dire : Une
réunion d'atomes devant toujours exister comme telle,
si elle est dominée par la force d'un atome prépon-
dérant, et cela d'une manière quelconque.

Filopanti, bien que fervent croyant en l'immortalité de l'esprit, écrit dans la préface de son UNI-
VERS : « Jusqu'à un certain point je suis matéria-
« liste, moi aussi » ; et dans sa 82ᵉ Leçon : « Il est
« facile de nous figurer les esprits comme les décrivent
« les poètes, c'est-à-dire des êtres intelligents, doués
« d'une figure humaine, mais de nature vaporeuse et
« éthérée, non sujette aux lois ordinaires de la gravi-
« tation et de l'impénétrabilité »

Ayant ensuite exposé les conditions de l'impénétrabilité dans les corps ordinaires, les différentes lois
d'attraction et de répulsion réciproques par les
atomes, et la possibilité d'autres lois moléculaires
encore plus cachées, il conclut ainsi : « Un tel amas
« d'atomes, un tel corps éthéré (je me servirai
« de cette phrase par amour de la concision) pour-
« rait être tout près de vous, et vous ne le verriez
« pas..., vous pourriez étendre la main sur lui, et
« même à travers lui, et vous n'éprouveriez pas la
« sensation du toucher..., ce corps éthéré pourrait
« passer en totalité ou en partie à travers votre corps
« tangible sans que vous puissiez vous en apercevoir...
« Il est concevable encore qu'un être éthéré et doué
« d'intelligence, puisse mouvoir directement des corps
« visibles et organisés, en s'introduisant dans les pores
« de ceux-ci et en agissant sur eux avec une espèce
« particulière de répulsion moléculaire... C'est une

« pétition de principe, de soutenir qu'il y a contra-
« diction entre les termes : Fait spiritualiste, et
« Phénomène naturel. »

A ces opinions de Filopanti, s'unit très bien la
phrase hardie avec laquelle Camille Flammarion,
spiritualiste et spirite, présente la synthèse de ses
investigations sur la nature humaine « l'homme c'est
l'air organisé. »

Que le professeur Lombroso sache donc que les
progrès de l'hypnotisme ne causeront pas, comme il le
croyait, la perte du spiritisme, mais les progrès du
spiritisme et ceux de l'hypnotisme occasionneront,
d'un commun accord, la perte de cette fausse idée de
l'esprit qui nous vient de l'école théologique, idée
sur un simple point mathématique, sans aucune sorte
de matière et sans extension, en un mot : *un rien qui
fait tout*; tandis que le spiritisme et l'hypnotisme,
de surnaturel et de surhumain, transforment l'esprit en
un état naturel et humain. Aussi, pour nous, y a-t-il
un sens rationnel dans cette déclaration que « l'atome »,
à mesure qu'il affine et purifie sa matière, d'inintel-
ligent devient intelligent, et que la psyché, dans son
avancement progressif, toujours plus se spiritualise.
Ce sont là des expressions qui n'auraient aucun sens
selon l'opinion théologique qu'on peut avoir de l'esprit.

En second lieu, qu'il reconnaisse que depuis longtemps le spiritisme a devancé son vœu judicieux :
« Donnez-moi mille manières nouvelles de concevoir
« la matière ».

Cependant le docteur Lombroso, en réfléchissant

avec modération, devra convenir avec nous qu'il
appartenait au Spiritisme d'indiquer et de faire sentir
la nécessité d'une nouvelle voie, mais qu'il appartient
à la science de la tracer et de la parcourir.

Pesaro, le 15 août 1887.

FRANCESCO ROSSI PAGNONI, *rapporteur*.
DOCTEUR LUIGI MORONI, *hypnotiseur*.

Traduit par Madame Francisca Vigné.

Comme complément des communications de Térence
Mamiani, déjà citées, il me semble opportun d'en
relater deux autres, petites mais précieuses, obtenues
étant seul, à l'aide d'un crayon ordinaire.

La première fut une réponse à une pensée affectueuse que, dans une évocation, je lui avais adressée en
mon nom et celui de mes compagnons ; c'était le 24
septembre 1887, jour de sa fête ; la voici :

« Votre affection est si franche, si évidente pour
« moi, que toutes les démonstrations nouvelles ne
« pourraient augmenter cette très agréable certitude.

« Je vous dois la consolation que m'apportent ces
« entretiens, et l'assurance renouvelée de votre ami-
« tié ; vous vous êtes montrés des auditeurs non seule-
« ment patients, mais aussi affablement soumis et
« avides d'instruction.

« Il m'appartient donc en ce jour de vous exprimer
« ma gratitude, en votre lieu et place, car vous me
« prouvez sans cesse votre affection constante, dé-
« vouée et filiale.

« Sois pour tes amis le fidèle messager de mes
« sentiments ; je serais heureux de les exprimer, en
« me servant de la parole de la bonne interprète de
« tous vos amis invisibles.

« Aucun d'eux ne me dépasse dans le désir de
« vous être utile, de toutes les manières, et comme
« la divine bonté voudra bien me l'accorder. Adieu. »

Terenzo Mamiani tint sa promesse ; dans la première
séance d'hypnotisme, c'est-à-dire le 26, il se présenta,

et comme je le remerciais pour la belle communication qu'il m'avait donnée, sans ajouter une autre
syllabe, il répondit par la parole de l'hypnotisée qui
n'en savait rien, pas plus que l'hypnotiseur : « Pour-
« quoi si belle? Ne dois-je pas vous remercier, mes
« amis, pour avoir pensé à moi le jour de ma fête? »

L'autre communication fut spontanée, je la reçus
le 10 octobre suivant; après un bruit d'appel et pendant que je corrigeais l'épreuve de l'une de ses précédentes communications, Terenzio Mamiani me dit :

« Le soin que tu prends de publier mes pensées
« est une preuve nouvelle de ton affection pour moi.

« Ne crains pas que je me plaigne si tu as sincère-
« ment retracé les parties dans lesquelles j'avoue mes
« fautes. Grâce à Dieu mon esprit se dépouille peu à
« peu des scories propres à la vie terrestre, et la pen-
« sée de mes fautes fait naître en moi le repentir, en
« même temps le contentement d'en avoir, en partie,
« effacé les traces.

« Je me vois à présent semblable au naufragé
« qui est sur le point de toucher à la rive désirée; là,
« le danger passé et l'angoisse éprouvée ne peuvent
« être pour moi un souvenir désagréable, mais plutôt
« un stimulant à ma gratitude sincère pour la divine
« bonté qui me conduisit au port.

« Au revoir mes amis. »

« F. ROSSI-PAGNONI. »

# COMPLÉMENT DE LA NOTE INSÉRÉE
## pages 74-75

Si quelques-uns de nos lecteurs pouvaient croire que les indices donnés par les hypnotisés, de voir et d'entendre des esprits, sont les effets d'idées spirites acquises par eux à l'état de veille, on peut facilement les détromper en leur faisant observer que, dans ce cas, ces phénomènes n'eussent dû se constater qu'après la divulgation des opinions spirites.

En vérité, si depuis la découverte du somnambulisme magnétique, une chose aussi importante n'a pas été remarquée et n'a été certifiée seulement qu'à l'époque, où sérieusement ou par moquerie, on vocifère tant sur le Spiritisme, nous donnerions de la valeur à ce doute, mais c'est le contraire qui arrive. Les premiers phénomènes d'où est né le Spiritisme moderne, ont eu lieu en Amérique, pas avant le mois de décembre 1847 ; après quelques mois commencèrent les communications alphabétiques, au moyen desquelles se répandit l'opinion du tournoiement perpétuel des esprits autour de nous et de la possibilité de s'entretenir avec eux par des moyens ordinaires et naturels ; avant on croyait que c'était des choses très extraordinaires, que l'église tenait pour miraculeuses.

Cependant à une époque antérieure à 1847, on avait eu cette preuve certaine, que les hypnotisés voyaient des apparitions et entendaient les paroles d'êtres invisibles au vulgaire. J'ai sous les yeux un ouvrage de médecine, publié à Paris en 1840, à l'imprimerie Germer-Baillière, intitulé : « De l'emploi du Magnétisme animal « et des eaux minérales, par M. le Dr Despine père, médecin et « directeur des eaux thermales d'Aix, en Savoie », ouvrage dans lequel sont enregistrées des guérisons magnétiques qui remontent à l'année 1826. Alors, de temps en temps, les somnambules déclaraient l'existence d'êtres qui se manifestaient et leur parlaient (pag. XXXI, XXXII ; 18-38 ; 95-122 ; 161-188 ; 232-286) ; nous y voyons relaté, non pas un ensemble de fantômes et d'étrangetés comme dans le délire des fébricitants, mais parmi les colloques qui précèdent et ceux qui suivent une entière cohérence, et des faits que le médecin enregistre dans son journal de la guérison usuelle, sans donner aucune opinion, et paraissant même ne pas en avoir. Que d'exemples semblables trouverait dans une foule d'autres vieux livres, le chercheur qui aurait cette érudition que je n'ai pas !

Que ce soit un phénomène spontané, fréquent dans l'hypnotisme, je le vois constaté dans l'ouvrage publié en 1887, à Paris, à l'imprimerie Octave Doin, intitulé : « Le Spiritisme (Fakirisme « occidental) Etude historique, critique et expérimentale, par le « Dr Paul Gibier, ancien interne des hôpitaux de Paris, aide-natura- « liste au Muséum d'histoire naturelle. » Ce médecin qui se montre vraiment érudit, après avoir à diverses reprises protesté qu'il ne partage pas les idées de l'école spirite, repousse « comme prématurée et insuffisamment démontrée » la théorie de l'intervention « de l'âme des ancêtres » dans les phénomènes déterminés au moyen de certains individus que nous appelons « médiums ». Il ajoute cependant, en général (page 75) : « Nous affirmons une fois de plus, et nous « prouverons qu'il existe toute une catégorie de phénomènes, con- « traires en apparence aux lois connues de la nature et, quant à « présent, inexplicables ; ce qui ne veut pas dire que l'on doive re- « noncer à en chercher l'explication. » De plus en particulier (p. 333), en traitant des phénomènes de l'extase, il écrit ce qui suit : « Nous « avons dit, en parlant des médiums, que certains d'entre eux préten- « dent céder momentanément leurs organes à un esprit qui parle par « leur bouche et agit par eux, en se substituant à leur propre esprit. »

Qu'il nous soit permis d'intervenir ici par une observation ; personne n'a jamais cru que l'esprit qui dit être désincarné, chasse l'incarné de ses organes, mais qu'il le soumet seulement et le domine même, plus complètement que ne le fait dans la suggestion l'hypno tiseur à l'égard de son sujet. Cela dit, reprenons les commentaires du Dr Gibier, qui avant tout rappelle un fait raconté ailleurs (pag. 173), fait certifié par l'illustre Russel Wallace et que voici :

Ce savant avait entendu un jeune commis de bureau, « sans éduca- tion », soutenir, quand il était en transe, une conversation avec un parti de philosophes sur la raison et la prescience la volonté et la fatalité, et leur tenir tête avec des réponses toujours sensées, toujours pleines de force, toujours exprimées dans un langage choisi et élégant, tandis qu'un quart d'heure après, dans l'état normal, il était incapable de répondre aux plus simples questions sur un sujet philosophique, et avait de la peine à trouver des expressions pour manifester les idées les plus communes. Ensuite le docteur Gibier conclut ainsi : « Que faut-il penser de tout ceci? Il est certain que « dans les expériences de catalepsie, de suggestions que pratiquent « les médecins, et également, il faut bien le dire hélas ! les empi- « riques, un élément étranger semble quelquefois s'introduire sur la

« scène; mais jusqu'ici, quand cette inconnue se présentait, on inter-
« rompait l'expérience, parce que, dans ce cas, selon le mot du profes-
« seur Lasègue, on ne sait pas où l'on va. Aujourd'hui sans que l'on
« sache davantage où l'on va, est-ce qu'on n'a pas le droit d'être un peu
« plus hardi, et tout en restant dans les limites d'une sage prudence,
« ne peut-on pas enregistrer les observations qui se présentent pour
« les classer et les rassembler dans un catalogue en temps propice? »

Donc le phénomène est un fait certain et antérieur à la diffusion
du moderne Spiritisme ; alors pourquoi l'école qui se vante de ne
vouloir d'autre guide que les faits, est-elle peureuse au point de ne
pas vouloir faire cas de ceux qui la mettent dans l'embarras ?

O savants, nous constatons que, sous un courage apparent, vous
pratiquez la plus étrange des méfiances !

---

ADDITIONS PROPRES DE CETTE ÉDITION

A l'illustre et cher frère, en Spiritisme,
M. Pierre-Gaëtan Leymarie.

*Pesaro, le 21 février* 1889.

A votre fraternelle demande, si nous n'avions pas
quelques réflexions à ajouter à notre petit volume,
comme résultats de nouvelles observations, je dois
vous dire non, pour moi et mon illustre ami et collaborateur, le Dr Moroni.

Si toutes les expériences postérieures, faites pendant deux autres années, ont augmenté le nombre de
preuves de la réalité des communications avec le
monde invisible, et prouvé, par une plus grande quan-
tité de faits, l'importance de l'hypnotisme comme instrument de médiumnité, elles ne nous ont suggéré
aucune raison pour modifier les théories exposées ;
elles les ont plutôt confirmées et expliquées.

Comme plusieurs fois, en correspondant sur ce
thème avec d'illustres savants, j'ai eu l'occasion
d'exposer des informations nouvelles et des considérations qui peuvent être utiles aux lecteurs du petit
livre en question, très volontiers je vous transcris et
vous envoie les passages qui les contiennent; si elles
vous semblent intéressantes usez-en en toute liberté.
En tous cas, je vous prie de les considérer comme un
signe de ma gratitude, et de mon affection fraternelle.

Francesco Rossi-Pagnoni.

1° Sur les images certifiées vues par les clair-
voyants, j'écrivais ce qui suit le 28 septembre 1886
à un illustre magnétiseur :

« Vous le savez mieux que moi, ces images vues
par l'hypnotisée dans l'état de véritable clairvoyance,
ne sont pas toujours comme on le pense ordinairement
des hallucinations ; au contraire, souvent ce sont des
esprits qu'elle décrit très bien, quoiqu'elle ne les ait
pas connus de leur vivant. Voici quelques faits de ce
genre obtenus dans notre modeste cercle.

« 1° La somnambule ayant dit que l'esprit d'une
personne inconnue était présent, prononça son nom
comme si c'eût été cet esprit qui parlait ; un paquet de
phothographies ayant été mis dans la main de l'hypnotisée, celle-ci trouva le portrait de l'être qu'elle
prétendait voir ; si l'une des personnes présentes
avait connu cet esprit d'après les indications de la
voyante, cette personne se tenait loin de la somnambule et ne regardait point le paquet de photographies,

pour ne pas lui suggérer involontairement quelle était la carte-portrait de la personne nommée.

« 2° Pendant que quelques-uns d'entre nous étaient à la table typtologique, recevant avec le nom de quelque esprit des communications intelligentes, la somnambule contrôlait si c'était vraiment l'esprit dont le nom nous était donné.

3° Quelquefois elle prononçait à l'oreille de celui qui se trouvait à côté d'elle, le nom de l'esprit qui allait se communiquer aux personnes placées à la table, loin du médium, et même ce que cet esprit allait leur dire ; ceux-ci, sans avoir pu entendre le médium, recevaient par coups frappés le même nom et la communication dans les mêmes termes indiqués par le médium.

« 4° Un soir, l'un de nous ayant écrit un mot sur une ardoise, avait posé celle-ci horizontalement sur une petite table, dans un coin d'une salle, aussi loin de la place où s'asseyait la somnambule que d'un autre coin de cette salle où deux de nos amis étaient assis à une table typtologique ; dès que nous eûmes ce fait, le mot dit à voix basse par la somnambule à l'oreille de la personne qui était à côté d'elle, fut en même temps frappé par la table.

« Point n'est besoin de dire que la personne qui avait écrit le mot se tint éloignée de la somnambule et de la table typtologique, et que le magnétiseur n'eût pu le lui faire connaître.

« La somnambule nous dit ensuite quel était l'esprit qui lui avait communiqué le mot, quel était celui qui l'avait frappé au moyen de la table, et ces affir-

mations s'accordaient textuellement avec celles reçues par nos amis assis autour de la table.

« Quant à la somnambule, si l'on objecte que la
lecture du mot écrit sur l'ardoise fût un effet de sa
double vue, bien que l'ardoise fut placée loin d'elle et
horizontalement sur la petite table, je ne pense pas
que cette explication puisse jamais être appliquée à la
communication reçue par nos amis, ceux qui posaient
leurs mains loin d'elle sur la table typtologique. »

11° A l'un de nos frères en S., qui nous invitait à
proposer la manière de mettre en communication
notre sujet avec le sien, je répondis le 1er juin 1888,
en donnant préalablement les informations suivantes
sur notre somnambule et sur les règles que nous
avions l'habitude de suivre :

« Comme il existe une infinie variété de qualités et
de degrés dans les sujets hypnotiques ou spirites, soit
par les conditions de l'organisme, soit par l'éducation et l'exercice, il faut que nous ayions une pleine
et réciproque connaissance de nos deux sujets ; après
nous étudierons ensemble s'il est possible de faire
des expériences communes, cela bien entendu, dans
les conditions voulues par le Spiritisme ; étant-con-
vaincus les uns et les autres que si le moyen est
physique et subordonné aux lois de la matière commune, le véritable agent est volontaire et libre,
nous reconnaîtrons d'un commun accord que les
expériences d'un cercle spirite ne peuvent pas être
tout à fait semblables à celles d'un cabinet de physique ou de chimie, et que nous ne pouvons ni ne
devons nous servir des esprits comme on se sert

d'une pile, d'un aimant, du télégraphe et du téléphone.

« Dans ces restrictions je puis me tromper, mais ne puis m'en écarter en vérité, comme je l'ai professé dans ma brochure *Instructions et considérations* (pag. 75-76), et dans mon petit livre, *Autour des phénomènes spirites* (pag. 138, 139, 146). Cela énoncé, je vous dirai sincèrement ce que vaut notre médium, en ajoutant quelques particularités à ce que nous avons dit au sujet de la *Médiumnité hypnotique*, et ce qui résulte de l'ensemble de ce petit volume.

« Dans les premières années de son travail avec le D<sup>r</sup> Moroni, travail auquel je ne participais pas, Carzetti était très développée en fait de visions de choses terrestres à distance, visions objectives, réelles, indépendantes de la suggestion. Cela ne veut point dire qu'à l'occasion elle ne fût aussi parfaitement susceptible de suggestion à distance, mais alors il n'y avait aucune preuve qu'elle puisse voir des esprits ; le champ des expériences dans lesquelles elle se renfermait était tout à fait humain.

« Les premiers signes spirites au docteur furent donnés spontanément, comme cela est arrivé à tant d'autres.

« Dans les années qui se succédèrent, elle fit peu de progrès du côté spirite ; à cette époque, j'assistai à une séance, la seule dont j'ai rendu compte aux pages 153 et suivantes du petit livre intitulé : *Autour des phénomènes* ; ensuite se succédèrent pour moi des années absorbées par les occupations scolastiques, et forcément je suspendis cet ordre de recherches.

7

« Plus le développement de la médiumnité spirite se faisait chez la somnambule, plus la vision des choses à distance et la clairvoyance terrestre chez elle s'amoindrissaient ; pour moi la raison en est très simple : La vision à distance, la clairvoyance terrestre, sont la plus grande *activité* de la force psychique, c'est un prodige de projection.

« Au contraire la médiumnité étant une tendance à être très sensible à la suggestion des esprits, crée un état extrêmement *passif* qui permet de les attirer à soi et de s'en laisser pénétrer. On peut comparer la vision à distance et la clairvoyance à la force centrifuge, et la médiumnité spirite à la force centripète. De là la nécessité d'avoir plusieurs sujets selon les divers buts que l'on veut atteindre, et la stricte obligation de ne pas dévoyer un sujet en l'obligeant à faire une chose pour laquelle il n'est pas apte par les conditions de son organisme, ou bien à laquelle il n'a pas été amené à l'aide d'exercices longs et intelligemment conduits.

« Il y a un triennat depuis qu'on s'exerce en ma présence, et cependant je ne pus jamais obtenir que le sujet me lût un billet enfermé dans un étui, ni que l'un de nous étant sorti de la séance, il sût le suivre par la ville et nous raconter où notre ami se rendait et ce qu'il faisait...

« Cependant, conduit par notre pensée à un endroit donné, par exemple à l'entrée d'une maison, il a su nous en décrire la partie intérieure que ni lui ni nous ne connaissions. Nous avons eu des diagnostics médicaux, non seulement avec la personne présente, mais avec des cheveux ou quelque autre objet d'une personne absente, et tous d'une rare justesse, bien qu'exprimés à l'aide du vocabulaire vulgaire, anti-scientifique.

« Plus tard, quand à la clairvoyance hypnotique se joignit l'aide d'un esprit compétent, nous l'entendîmes dicter des prescriptions très savantes.

« Je crois que la médiumnité hypnotique, aussi bien que celle du médium écrivain ou de la typtologie, peuvent être mécaniques, intuitives ou intermédiaires. Dans la médiumnité mécanique, le sujet peut s'exprimer même en une langue inconnue ; dans la médiumnité intuitive, il reçoit la pensée extérieure à lui, qu'il traduit ordinairement avec son propre vocabulaire, sauf le degré plus grand ou plus petit de noblesse ou de trivialité de l'être qui entre en rapport avec lui.

« Notre somnambule appartient à la seconde espèce. En fait de langues complètement étrangères à son vocabulaire, nous n'avons eu que des paroles en patois piémontais qu'elle ignorait à l'état de veille ; peu de mots en français, et toujours s'exprimant selon la patrie de l'esprit qui se communiquait. L'accent toscan fut très bien imité, lorsque des esprits toscans nous parlèrent. Un Allemand s'étant communiqué dans la même langue que celle du médium, le médium comprit néanmoins quelques phrases en allemand dites tout à coup par un assistant ; il répondit en italien, d'une manière exacte, à ce qui lui était dit dans cette langue-là.

« Du reste, dans les limites que j'ai assignée

quant à la reproduction vraie et vivante des actes, de l'accent, de la prononciation et de la voix des trépassés, lesquels pour la plupart elle n'a pas connus, aucun médium ne peut la surpasser et difficilement lui être comparé ; un excellent artiste dramatique ne pourrait mieux faire.

« Je le répète, ces choses ne sont pas arrivées à ce point, d'un bond, et je me reporte ici à ce que j'ai dit au commencement de la deuxième partie de la *Médiumnité hypnotique*. Je ne puis non plus omettre des choses qui ont peu de poids pour bien des gens, mais qui pour moi, et j'en suis très sûr, même pour vous, sont d'une importance capitale.

« Cette dame (notre médium) a bon cœur, elle est franche, compatissante, aussi est-elle aimée et protégée par plusieurs invisibles, sinon très purs, certainement très avancés dans l'échelle du progrès moral ; ce sont eux qui ont la direction des séances et nous amènent des désincarnés, parfois impurs et souffrants, qui désirent être soulagés, qui veulent s'améliorer ; ce sont ces esprits avancés qui, ou par eux-mêmes calment le sujet, ou suggèrent au magnétiseur la manière de calmer les troubles inévitables et quelquefois graves produits par les communications pénibles.

« Pour des médiums isolés, ou bien pour un cercle d'expérimentateurs, conditions essentielles de bonne réussite, vous le savez mieux que moi, c'est attirer, je ne dis pas avec la foi préconçue, mais avec l'élévation des sentiments, des désincarnés bons et éclairés auxquels on se confie, et maintenir leur affectueux

concours à l'aide de dispositions excellentes du cœur ;
afin que certains esprits malheureux, prêts à accourir
pour s'amuser en nuisant au sujet, et l'effrayant, ne
puissent s'imposer pour justifier cette maligne accu-
sation des prêtres, que nous nous mettons en communication avec les *diables*.

« Sans les dispositions morales convenables, les
plus précieuses aptitudes physico-organiques des médiums ne rendront que peu de services.

« Souvent l'impatience d'avoir des preuves matérielles, n'importe à quel prix, ou l'envie de s'amuser,
fait appeler et accepter quiconque se présente, et
c'est un fait connu de tous, que les phénomènes les
plus matériels sont de préférence produits par des
êtres dont le périsprit, encore impur, garde de la
grossièreté terrestre. »

III° A l'égard de l'initiation au mesmérisme de
mon illustre collaborateur le Dr Moroni, et des premiers signes spirites rappelés ci-dessus, reçus par
notre médium, j'eus l'occasion, le 8 octobre, d'écrire
à un illustre savant dans ces termes :

« Le Dr Moroni, en 1859, fut nommé par la
Chambre municipale, médecin d'une partie du terri-
toire de Pesaro ; ensuite, dans les dernières années,
en considération de son âge avancé et des services
rendus, on diminua son travail en le réduisant au
devoir de soigner seulement la zone suburbaine, avec
la charge de médecin nécroscope de la ville.

« Il avait étudié la médecine à Bologne, et y fut
nommé docteur en 1859; il fut initié au mesmérisme,
ou magnétisme, par un magnétiseur alors en vogue,

appelé François Guidi, homme non lettré, mais excellent empirique. Moroni appartenant à la vieille école des magnétiseurs, est fluidiste et pour cela il endort au moyen de *passes* et non au moyen de corps lumineux, selon la méthode de Braid; il croit que la méthode des passes est beaucoup plus efficace que l'autre, plus homogène pour l'organisme du patient...

« L'un des premiers faits qui lui firent commencer à croire, lui jusqu'alors simple magnétiseur, que toutes les images que la somnambule disait voir n'étaient pas des hallucinations, fut le suivant : « Un soir Carzetti ayant été endormie magnétiquement, s'écria tout à coup en secouant un bras : Ahi !! Moroni lui demandant : — Qu'y a-t-il ? Elle répondit : — C'est Isidore qui m'a pincée. (C'était un frère de Moroni, mort depuis quelques années). — Le médecin découvrit le bras et y trouva, en effet, une empreinte semblable à celle que fait la pression de deux doigts ; jusqu'ici rien d'étrange, cela pouvait être l'effet d'une auto-suggestion de la dame elle-même. — Alors Moroni lui dit : S'il est vrai que mon frère soit ici présent, qu'il m'en donne quelque preuve ? Le sujet répondit en souriant : — Regardez là ; il montrait avec le doigt, le mur, bien loin de lui. Le médecin regarda et vit un porte-manteau, lequel au moyen d'un clou était suspendu à ce mur, s'agiter fortement comme s'il était tiré à droite et à gauche par une main invisible !

« Peu de temps après il arriva ce qui suit : Le médecin avait conduit devant la somnambule le che-

valier G. P..., alors capitaine adjudant-major de ce
district militaire. Il y avait peu de temps qu'il était à
Pesaro, et ni le médecin, ni la somnambule, ne connaissaient les particularités de sa vie. Dans une
séance, deux ou trois jours avant (ce dont j'ai fait
mention dans ma *Lettre à Mamiani*), on avait uniquement su qu'il avait perdu sa femme à Florence, qu'il
avait avec lui deux jeunes petites filles. Ce capitaine,
à la suite de cette séance, désirait avoir par l'intermédiaire de la somnambule un entretien particulier
avec la morte, et il l'eut.

« Cet entretien semblait terminé, le capitaine était
sur le point de s'en aller, lorsque la somnambule dit :
— « Attendez, votre femme veut vous adresser encore
quelques paroles ; vous avez conservé la tresse de
ses cheveux ». — Le capitaine surpris, répondit :
— Oui, et comment le savez-vous ? — La somnambule
répliqua : « Elle vous voyait quand vous les avez
coupés, et désire qu'avec cette tresse vous fassiez faire
des bracelets pour les petites filles, afin qu'elles aient
toujours avec elles un souvenir de leur mère ». Ce
fait fut des plus décisifs, car le capitaine ne pensait
pas du tout aux cheveux, et le médecin et la somnambule ignoraient ce détail intime ; comme il n'y avait
pas d'autres personnes à la séance, le fait ne pouvait
être expliqué par la suggestion terrestre... »

IV° Dans la même occasion, je raisonnai à nouveau sur la différence très grande, à mon avis, qui
existe entre la clairvoyance terrestre et la médiumnité
hypnotique, bien que, quant à la genèse, la première
soit l'origine de la seconde; j'ai répété que notre

somnambule me semblait aussi puissant médium que
médiocre clairvoyante, et j'ai écrit ce qui suit :

« Je n'ai beaucoup de confiance dans sa clairvoyance
terrestre, bien que le médecin certifie qu'une fois il en
eut des preuves certaines et extraordinaires, mais je
dois vous déclarer ce qui résulte de mes expériences ;
j'ai du reste la plus grande confiance en tout ce que
dit mon ami le docteur, et, pour expliquer mon opinion,
je donne la raison suivante qui me semble irréfutable :

« La clairvoyance terrestre, selon moi, est le plus
grand résultat des facultés *actives* psychiques ; la
médiumnité spirite est le plus grand résultat des
facultés *passives*. Or, plus nous élevons et exerçons
les premières chez les hypnotisés, plus nous amoin-
drissons les secondes, et *vice versa*.

« Si, en particulier et comme expérimentateurs,
nous exerçons depuis trois ans notre médium à
employer toujours plus la médiumnité hypnotique, il
n'est pas étonnant que chez elle la clairvoyance
terrestre soit amoindrie, ou qu'elle l'ait presque
perdue, après l'avoir possédée à un très grand degré.
Donc de ces observations il découle, dans mon opinion, cette conséquence très importante : que celui qui
veut obtenir de bons résultats doit exercer les personnes hypnotisées d'une manière différente, selon le
but auquel il veut atteindre, les uns pour les effets
de la suggestion terrestre, d'autres de la clairvoyance
terrestre, et enfin d'autres pour la médiumnité spirite.

« Pour obtenir les suggestions terrestres, il faut
les habituer à subir l'empire de la parole et mieux
encore de notre simple pensée. Pour obtenir la clair-

voyance terrestre il faut se garder de faire des suggestions; il faut même gronder les somnambules si
pour répondre plus facilement elles cherchent à trouver la réponse dans notre propre pensée, donnant ainsi
nos suppositions pour des choses réellement vues par
eux dans le monde objectif. (Pour éviter cet incon-
vénient il vaut mieux l'interroger sur des choses
que nous ignorons aussi). — En dernier lieu, pour
obtenir des faits de médiumnité spirite, il faut également s'abstenir consciencieusement de toute suggestion, et exciter le médium à recevoir avec soin, et à
nous transmettre avec fidélité, les suggestions des
êtres invisibles pour nous.

« Pour essayer si une somnambule a encore des
facultés médianimiques, on lui demandera, une fois
endormie, combien de personnes elle voit autour d'elle.
Si le nombre qu'elle indique correspond au nombre
des personnes présentes, on le comprendra, il n'y a
aucun esprit, ou bien elle n'a pas encore la faculté de
les voir. Si, ensuite, elle donne un nombre de personnes plus grand que celui des spectateurs visibles,
on l'invite à s'expliquer, à décrire les êtres qu'elle voit,
qu'ordinairement elle croit être vus aussi par les
autres, et de les prier de dire leur nom, ou plutôt, de
parler ; ce fait deviendra peu à peu toujours plus
facile, l'exercice rendant l'instrument plus docile, en
tenant compte de la qualité des êtres divers qui accep-
tent de s'en servir.

« Dans ces entretiens, il ne faut pas oublier que
nous avons affaire à des êtres indépendants et libres,
et que s'il plaît à quelques-uns d'entre eux de se

manifester pleinement, cela peut répugner à d'autres, selon leur état et les rapports d'affection qu'ils ont pour les spectateurs.

« En général nous devons recueillir et étudier ce que les sujets nous donnent volontairement, ou ce que, par la suite, ils accordent à nos questions discrètes et affectueuses, sans vouloir extorquer des réponses ou des preuves malgré eux. Si les résultats d'un exercice suivi sont insuffisants, *il est raisonnable de tenir la chose comme non démontrée*; mais essayer de leur imposer ou de leur arracher des preuves décisives, est une erreur grossière qui trouble tout.

« Cent fois nous avons eu spontanément par la bouche de la somnambule des noms, des dates, des circonstances biographiques, des portraits moraux, des choses que certainement elle et nous ignorions, et qu'ensuite nous vérifiions et trouvions très vraies; au contraire, quand par méfiance ou pour contrôler nous avons demandé des renseignements, nous n'avons rien obtenu, même quand nous connaissions déjà la chose demandée, et que nous n'avions fait la question que pour l'entendre répéter et quoique nous y eussions fixé notre pensée; de sorte que l'obtenir au moyen de la suggestion terrestre semblait être la chose la plus facile du monde.

« Ce fait de révolte contre notre volonté et contre la suggestion, constitue la plus grande délimitation entre le champ de la médiumnité spirite et celui de la suggestion hypnotique ordinaire... »

V° Le soin le plus scrupuleux de s'abstenir de

suggestions par la parole, par les actes et par la pensée, est la première garantie de la sincérité des manifestations médianimiques.

Comme on m'a fait des objections à ce sujet, de crainte de la *suggestion inconsciente*, moi pour avoir interprété cette formule par la suggestion produite par un agent, non seulement sans volonté de la produire, mais avec des pensées dont il n'a pas conscience, des pensées qu'il n'a pas remarquées en lui-même et qu'il ne sait pas avoir, j'ai écrit ce qui suit le 8 novembre de l'année dernière :

« Votre crainte est bien juste et la nôtre ne l'est pas moins en pensant que la suggestion puisse nous illusionner ; j'admets que l'objectivité des types, dont on a tant d'exemples, puisse se produire au moyen de la suggestion mentale, non seulement volontaire, mais même *involontaire*, mais je ne comprends pas bien la signification précise attribuée à l'expression *suggestion inconsciente*.

« Faut-il comprendre inconsciente d'une manière absolue et irrévocable ? ou plutôt inconsciente seulement pendant l'état *irréfléchi*, mais de manière à pouvoir devenir consciente aussitôt que la personne revient, soit par elle-même, soit par une autre excitation, à l'état réfléchi ?

« J'admets volontiers que si la personne en état irréfléchi s'abandonne à des pensées successives, si, ensuite, elle revient à l'état réfléchi, ou quand on l'a fait revenir à cet état, elle ait conscience de ses dernières pensées, et qu'elle puisse avoir perdu irrémissiblement la trace des pensées précédentes.

« Dans notre cas il me semble que la personne qui
interroge ne peut pas être en état irréfléchi, aussi
peut elle toujours remarquer si la réponse qu'elle entend correspond ou non à sa pensée d'alors ; de même
je crois que si on interroge sur-le-champ les spectateurs pour savoir s'ils pensaient alors à telle chose,
ils peuvent certainement répondre oui ou non , avec
valeur de preuve.

« Quant aux connaissances acquises que chacun
possède, mais auxquelles on ne pense pas *dans cette*
*occasion*, elles ne forment pas *alors* la pensée; je crois
aussi qu'à l'égard des connaissances acquises une
fois, mais oubliées ensuite, que tant qu'elles restent
dans cet état elles sont dans le même cas.

« En effet si on veut aujourd'hui, peut-être avec
raison, que la pensée produise des vibrations au
moyen desquelles elle passe silencieusement dans la
tête d'autrui, il faut que ces vibrations soient de sor-
tes diverses et de différentes spécialités ; autrement
comment la variété de pensée serait-elle conçue par
le sujet? Et si une vibration exprime la pensée que
j'ai à présent, comment peut-elle, en même temps,
exprimer une pensée différente que j'ai eue il y a une
heure, ou celle que j'aurai eue une fois, mais qui à
présent est si obscure que je ne puis me la rappeler ?

« *Jusqu'à preuve contraire et certaine*, cela nous
semble inadmissible.

« Telles sont les raisons que nous avons prises pour
règle, afin d'assurer, dans des cas assez nombreux,
l'indépendance absolue des réponses du sujet étrangères à notre influence; alors, reconnaissant qu'il était

l'instrument d'intelligences étrangères, différentes et libres, nous nous sommes expliqué certaines anomalies qui se produisaient dans nos expériences et qui ne trouvent point d'éclaircissements qui satisfassent la raison dans les lois de l'hypnotisme ordinaire.

Bref; voici les anomalies dont je parle :

« A : Tandis que le sujet démontrait qu'il savait dans le sommeil des choses qu'il ignorait à l'état de veille, parfois, au contraire, il en ignorait d'autres qu'à l'état de veille ou dans d'autres moments de sommeil il savait très bien ;

« B : Comment avait-il tantôt une grande facilité de parole, et tantôt une difficulté extrême de prononciation avec des efforts pénibles pour réussir, nonobstant tout notre désir de l'aider ?

« C : Comment, tandis que souvent il disait des choses ignorées et très communément des choses auxquelles personne ne pensait absolument, parfois se montrait-il tout à fait incapable de dire à ceux qui l'interrogeaient des choses auxquelles ils pensaient fixement et que erronément ils sollicitaient comme preuves, bien qu'il dût connaître que par cette incapacité, il provoquerait leurs doutes et qu'ils resteraient mécontents, quand il aurait eu non seulement intérêt, mais possibilité, de lire dans leur pensée la réponse tant souhaitée qui devait les satisfaire ?

« Nous soumettons les raisons ci-dessus, et les étranges différences entre ces phénomènes et ceux de l'hypnotisme ordinaire à votre appréciation, et aux preuves ultérieures des faits, car nous-même croyons que les faits valent plus que les théories quelconques.

VI° Peu de temps après, revenant sur ce même raisonnement avec d'autres, j'examinai d'une manière plus large la formule dont il s'agit et j'écrivis ce qui suit :

« Nous voici à la *suggestion inconsciente* ! Tel est le mot magique, plein de sens multiples qui suffit, disent nos adversaires, pour invalider nos preuves et détruire tous nos raisonnements. Voyons un peu, mon cher ami, si ces légitimes conséquences sont pour nous aussi terribles qu'on le prétend. Avant tout, je t'avoue que cette expression me semble équivoque, et qu'elle servira plutôt à troubler qu'à éclaircir la question, si on ne détermine pas dans quel sens on veut l'employer. Pardonne-moi si je fais maintenant un peu le pédant.

« Si, comme simple fait, la suggestion est la transmission de la pensée du cerveau de l'agent dans celui du patient, suggestion inconsciente voudra dire : suggestion *sans conscience*. — C'est bien. — Mais sans conscience de le taire, ou sans la conscience de *la pensée* qui est la matière de la suggestion même ? Ce sont là deux choses bien différentes.

« Chaque acte inconscient est involontaire, mais je ne pense pas que chaque acte involontaire soit inconscient ; il y a des actes involontaires dont on a conscience, en les faisant, et que l'on se souvient d'avoir faits. Or, il me semble que c'est de cela que naît la confusion. Dans la formule : *suggestion inconsciente*, tantôt il me semble que l'on comprenne seulement la première pensée, et tantôt la première et la seconde.

« Que les suggestions puissent être inconscientes
dans le premier sens (elles me sembleraient mieux
nommées si on les appelait *involontaires*), qui est-ce
qui voudrait le nier? — Tout le monde sait que sans
le vouloir, sans le croire, sans s'en apercevoir, il est
facile avec un mot ou avec un geste, il est possible
avec une pensée vive et persistante, de susciter une
pensée correspondante chez l'hypnotisé. De là, il ressort que celui qui étudie sérieusement les expériences
médianimiques est tout yeux et tout oreilles pour
relever quelques imprudences de paroles ou de
signes.

« Quant aux pensées, comme il est inévitable de
s'en remettre à la loyauté des personnes présentes, il
a soin de demander si quelqu'un ne pensait pas justement à ce nom, à cette date, à cette nouvelle qu'on
a entendue dire à l'hypnotisé. — Mais voici que tous
ceux qui comprennent l'inconscience de la suggestion
de la seconde manière se découvrent. « Voici (diront-
ils) votre erreur : même en admettant la loyauté de
tous vos témoins, ils peuvent avoir suggestionné une
idée, sans avoir conscience de l'avoir pensée ». Mais
c'est cela qui, *jusqu'à preuve du contraire*, ne nous
semble pas admissible.

« En admettant que quelquefois on puisse penser
sans en avoir conscience, cela n'arrive que dans les
moments exceptionnels de l'état irréfléchi ; et aussitôt que la réflexion arrive, on a conscience de ce qu'on
pensait, et on se souvient des pensées précédentes non
encore tout à fait évanouies ; mais celui qui dans les
expériences ci-dessus interroge ou écoute, se trouve,

non pas dans un état irréfléchi, au contraire dans le plus grand état de réflexion possible.

« Et pour cela il nous semble que nos adversaires sont contredits par l'expérience et par la raison en ce qu'ils prétendent : par l'expérience, parce que les hypnotiseurs font l'expérimentation de ce fait constant que plus clairement est conçue la pensée, plus énergiquement elle vibre du cerveau de l'agent, plus clairement et plus vite elle se grave dans celui du patient ; par la raison, parce que il nous semble inconcevable qu'une vibration débile, faible, obscure, dans le centre où elle est conçue et d'où elle part, puisse devenir forte, vivante, puissante au bout de son rayonnement.

« Si nos adversaires, pour justifier cette formule, allèguent le phénomène appelé enfin par les magnétiseurs, *lecture de la pensée*, nous répondrons d'abord : cela n'est pas proprement parlant de la suggestion parce que, dans un tel cas, l'hypnotisé n'est pas un patient, mais un agent, et son acte est, pour ainsi dire, une projection volontaire de lui-même ; ensuite, même dans ce cas, la pensée, pour être lue, a besoin d'être bien distincte, quoique celui qui a pensé n'ait pas l'intention de la faire lire... »

VII° Malgré tout ce que l'on peut penser de la suggestion, nous avons eu, il n'y a pas longtemps, cette confirmation éclatante que si notre médium, il y a trois ans, quand nous avons commencé nos expériences de médiumnité hypnotique, avait déjà beaucoup perdu de sa clairvoyance terrestre par laquelle notre docteur avait eu, quelques années avant, des preuves extraordinaires, dans ce triennat d'expériences médianimiques cette clairvoyance s'est réduite à tel point que nous avons le doute qu'elle est maintenant incapable de lire nos pensées.

Au mois de novembre dernier, un illustre étranger assista à quelques séances de notre Cercle, et, après quelques expériences médianimiques, il en désira d'autres de clairvoyance terrestre. Cette demande, à moi déplaisait, parce que ces expériences n'entraient plus dans le champ de nos études ; j'avais cette crainte naturelle que, sur ce sujet, notre médium fût inférieur à cent autres, pendant que je la crois supérieure à mille autres en fait de médiumnité.

Cependant, parce que je voyais le Docteur y consentir volontiers ; je me tus, me mettant à l'écart sans prendre part à l'expérience, que je prévoyais pas heureuse.

L'étranger présenta un étui dans lequel il avait enfermé un billet avec quelques mots écrits, et demanda que la somnambule essayât de les lire ; on perdit une heure dans cette tentative et sans le moindre résultat.

Ensuite il essaya une épreuve de transmission de pensée ; il écrivit à l'écart sur un morceau de papier le mot *Trapani*, et, après l'avoir montré à l'hypnotiseur, il demande que celui-ci, par suggestion mentale, le transmît au sujet. Cet essai dura presque une autre heure ; et en voyant que de cette façon on perdait le temps, que bien plus utilement on pouvait faire employer à l'hôte qui allait partir, je proposai l'abandon de l'expérience, et pour dire la vérité, l'étranger et le magnétiseur conseillaient au somnambule de renoncer à ses efforts ; mais comme cela arrive souvent,

poussée par l'amour-propre, elle s'obstinait à vouloir
y réussir et ne se rendit que quand elle y fut con-
trainte par la fatigue.

J'ai fait le compte rendu de ce cas, dans une lettre
datée du 20 novembre, à un ami dans les termes
suivants :

« Dans la troisième séance on a voulu essayer la
vision indépendante et la transmission de la pensée.

« Presque deux heures d'efforts extraordinaires de
l'hypnotiseur et du sujet ne donnèrent aucun résultat;
ce que je regrettai pour l'hypnotiseur qui à tort se
croyait humilié ; mais, quant à moi, cette séance m'a
laissé très calme, plutôt content ; d'abord, on a vérifié ce que j'avais déjà dit : Que je n'avais pas confiance dans la *clairvoyance terrestre de ce sujet ;* en
outre son impuissance à lire le mot *Trapani* dans le
cerveau de l'hypnotiseur qui s'efforçait de le lui suggérer avec toute l'énergie de la pensée, confirmait ma
conviction que les choses auxquelles nous ne pensions
pas, ou ignorions et que nous recevions par elle, ne
pouvaient certainement pas être lues par le sujet dans
le cerveau de ceux qui l'entouraient.

« En effet, si avec le plus grand effort elle ne réussit
pas à lire une unique parole dans la pensée de celui
avec qui elle était en communication, soit fluidique,
soit de radiation, depuis tant d'années, et qui, dans
cette occasion, d'une importance particulière, coopé-
rait avec l'ardeur que donne l'amour-propre mis en
jeu, qui pourrait croire que le sujet puisse couram-
ment recevoir des séries de pensées ignorées, des

noms et des dates, du cerveau de qui que ce soit, même de personnes qui lui sont quelquefois présentées pour la première fois?

« On ne peut m'objecter que si maintenant cette dame est réfractaire à la suggestion *volontaire*, elle peut être sensible à l'*involontaire* (ou comme on l'appelle, *inconsciente*), parce que ce soir-là, elle fut aussi incapable de sentir la suggestion volontaire de son médecin, qu'insensible à la suggestion involontaire de notre hôte assis à côté d'elle; celui-ci savait, comme dans la première expérience, ce que l'étui contenait, de même dans la seconde expérience, le mot, qu'il avait écrit et qu'il avait montré au médecin, et quoiqu'il n'eût pas voulu agir sur le sujet, cependant il était inévitable qu'il pensât aux deux choses de lui bien connues qu'il désirait entendre de sa bouche.

« Pour ces causes je crois ne pas me tromper en disant que si cette expérience fut un insuccès pour le magnétisme, elle fut un triomphe pour le spiritisme. »

VIII° En dernier lieu je veux rapporter ici quelques pensées que j'eus l'occasion d'écrire, en décembre dernier, à une personne amie, au sujet de l'ouvrage *Phantasms of the living*, rédigé par trois illustres savants anglais, MM. *Gurney*, *Myers* et *Podmore* et dont la *Revue des Deux Mondes* du 1er mai 1888, publia, sous le titre : *Les Fantômes et la Science*, un savant et consciencieux compte rendu, écrit par M. Raphaël Chandos; ce dernier, à ma prière, avec une exquise urbanité m'accorda la faculté de le tra-

duire en italien et de le publier à nouveau. Voici donc
ce que j'écrivis à cet ami :

« Possédez-vous, ou quelqu'un de vos amis pos-
sède-t-il l'ouvrage anglais: *Les Fantômes des Vivants*,
dont je vous ai envoyé le compte rendu traduit du
francais? Il y aurait une importance capitale à ce que
quiconque s'occupe scientifiquement de spiritisme en
prenne connaissance.

« Ce n'est pas un ouvrage fait par des spirites,
mais par des naturalistes, et les preuves de l'irradia-
tion, de la projection, du dédoublement pour ainsi dire
de l'être humain, par tous les degrés possibles, de la
transmission de la pensée à l'état de veille, et des
suggestions hypnotiques jusqu'aux apparitions *volontaires* des vivants et de celles des trépassés, sont si
nombreuses qu'elles forment la plus riche mine de
faits que l'on connaisse.

« Des trépassés on ne parle, dans ce livre, que d'une
manière incidente, mais c'est indubitable que le dédoublement initial et temporel de l'être humain, pendant la vie (surtout dans le sommeil), dispose mieux
que mille discours théoriques, à concevoir et à croire
le dédoublement complet et permanent de la vie ulté-
rieure.

« De tels savants, même sans le vouloir, sont nos
meilleurs alliés, et je suis convaincu que leurs études
et les nôtres doivent se compléter réciproquement;
que les unes sans les autres sont défectueuses.

« C'est un fait reconnu que beaucoup de spirites
s'inquiètent trop peu des phénomènes qui proviennent
des vivants proprement dits, et qu'ainsi ils ne peuvent

avoir le pont qui conduit, de degré en degré, à comprendre la loi naturelle des manifestations des invisibles.

« Voici des savants qui, avec leurs précieux travaux,
construisent un pont magnifique, et s'il est vrai que,
jusqu'à présent, ils se sont arrêtés aux limites de la
vie matérielle, on sait déjà qu'ils ont voulu avancer
et progresser, à l'aide d'une voie irréprochable devant
Sa Majesté la science qui a d'antiques préjugés; ils
ont sagement voulu poser les pieds sur un terrain
bien solide, avant de faire un pas nouveau vers le
monde inconnu qui leur était révélé.

« Même dans le cas où la plupart d'entre eux seraient
pour le moment décidés à s'arrêter à cette limite,
malgré cette compromission, la force des faits et de
la logique les entraînera avec le temps à en sortir
malgré eux.

« A mon point de vue il ne se peut qu'ils restent
longtemps ainsi, dans l'impasse qu'ils se sont créée,
dans ce véritable cul-de-sac scientifique dont il faudra
sortir.

« Si l'admirable prédisposition que la nature leur a
montrée chez les vivants n'avait pas de développement
ultérieur, ce serait une chose nulle, sans signification,
sans but, une simple curiosité physiologique; leur
magnifique pont conduirait aux solitudes désolées du
vide.

« Non, non, la force des faits et de la raison les fera
tôt ou tard se révéler; elle les conduira peu à peu à se
familiariser avec la pensée, avec les preuves d'une
autre vie dans laquelle les forces psychiques dont ils
ont observé les premiers germes dans des moments

insolites, ou sur des organismes exceptionnels, se développeront pleinement dans leur état normal, selon la perpétuelle évolution de la nature, la progression régulière et mathématique de la vie universelle.

« FRANCESCO ROSSI PAGNONI. »

Traduit par Mme FRANCESCA VIGNÉ.

---

## LETTRE DE VICTORIEN SARDOU

(Citée dans la Note page 75).

*Paris*, 30 *novembre* 1888.

Mon cher Rambaud,

Il y a plus de quarante ans que j'observe, en curieux, les phénomènes qui, sous les noms de magnétisme, somnambulisme, extase, seconde vue, etc., étaient, dans ma jeunesse, la risée des savants. Quand je me hasardais à leur faire part de quelque expérience, où mon scepticisme avait dû se rendre à l'évidence : quel accueil et quelle gaîté! j'entends encore le rire d'un vieux docteur de mes amis, à qui je parlais de certaine fille que des passes magnétiques mettaient en état de catalepsie. Un coup de feu partait subitement à son oreille; un fer rouge effleurait sa nuque! « Bast, me répondit le bonhomme, les femmes sont si trompeuses!... »

Or, voici que tous les faits niés alors de parti pris

sont aujourd'hui acceptés, affirmés par les mêmes gens qui les traitaient de jongleries. Il n'est pas de jour où quelque jeune savant ne me révèle des nouveautés que je connaissais avant qu'il fût né. Je n'y vois rien de changé que le nom : ce n'est plus le *magnétisme* — vous pensez bien que ce mot sonnait mal aux oreilles de ceux qui l'avaient tant ridiculisé — c'est l'*hypnotisme*, la *suggestion* : désignations qui ont meilleure grâce. En les adoptant, on donne à entendre que le *magnétisme* n'était réellement qu'une duperie, dont on a fait bonne justice, et que la science officielle mérite doublement notre reconnaissance. Elle nous a dotés, en échange, d'une vérité scientifique : l'*hypnotisme*, qui, d'ailleurs, est exactement la même chose.

Je citais, un jour — je parle de loin — à un fort habile chirurgien, ce fait, aujourd'hui bien connu, de l'insensibilité produite chez certains sujets, en les obligeant à regarder fixement un petit miroir ou quelque objet brillant, de façon à provoquer le strabisme. Cette révélation fut accueillie comme elle le méritait, par de bons éclats de rire et quelques fines plaisanteries sur mon « miroir magique ». — Des années se passent : le même homme vient un matin déjeuner chez moi, et s'excuse d'être en retard. Il a dû arracher une dent à une jeune fille très nerveuse et très craintive. « Et j'ai, dit-il, tenté sur elle une expérience nouvelle et fort curieuse. A l'aide d'un petit miroir métallique, je l'ai si bien endormie, que j'ai pu extraire la dent sans qu'elle s'en doutât. »

— Ici je me récrie : Pardon ! mais c'est moi qui,

le premier, vous ai signalé le fait, et vous vous en
êtes bien moqué ! » — Désarçonné tout d'abord,
mon homme a vite fait de se remettre en selle.
« Bon ! me dit-il, vous me parliez magie ; mais ceci
est de l'hypnotisme ! »

Toute la science officielle a traité nos pauvres
vérités méconnues de cette façon-là. — Après les
avoir bien bafouées, elle se les est appropriées ; mais
elle a eu soin de changer les étiquettes.

Enfin, quel que soit leur nom, les voilà dans la
place. Et puisque nos savants ont fini par découvrir à
la Salpêtrière ce que tout Paris a pu voir, sous
Louis XV, au cimetière Saint-Médard, il y a lieu
d'espérer qu'elle daignera s'occuper un jour de ce
spiritisme qu'elle croit mort de ses dédains et qui n'a
jamais été plus vivace. Elle n'aura plus, ensuite, qu'à
lui imposer un autre nom ; pour s'attribuer le mérite
de l'avoir découvert, après tout le monde.

Seulement, ce sera long ! — Le spiritisme a
d'autres ennemis à combattre que ce mauvais vouloir.

Il a d'abord contre lui les expériences de salon,
détestable moyen d'investigation, bon tout au plus à
confirmer les sceptiques dans leur incrédulité, à suggérer aux loustics d'ingénieuses mystifications, et à
faire dire aux gens d'esprit bien des sottises.

Il a, de plus, à lutter contre les charlatans qui
font du spiritisme à la Robert-Houdin, et contre les
demi-charlatans, qui, doués de facultés médianimiques véritables, ne savent pas s'en contenter et,
par vanité ou par intérêt, suppléent à l'insuffisance
de leurs moyens par des moyens factices.

Mais il a surtout à vaincre deux grands obstacles :
l'indifférence d'une génération tout à ses plaisirs et à
ses intérêts matériels, et cette défaillance des caractères, chaque jour plus manifeste, dans un pays où
personne n'a plus le courage de son opinion, mais se
préoccupe surtout celle de son voisin, et ne se permet
d'en adopter une que lorsqu'il lui est bien prouvé
qu'elle est celle de tout le monde.

En toute matière, art, lettres, politique, sciences, etc., ce que l'on redoute le plus, c'est de passer
pour un naïf, qui croit à quelque chose, ou pour un
enthousiaste, qui ne s'y connaît pas, puisqu'il admire !
— L'homme le plus sincèrement ému par une belle
parole, une belle œuvre, une belle action, s'il voit
quelque sceptique esquisser un sourire, n'a rien de
plus pressé que de railler ce qu'il allait applaudir ;
pour établir qu'il n'est pas plus « gobeur » qu'un
autre, et qu'il est un juge très éclairé, puisqu'il n'y a
pas moyen de le satisfaire.

Comment des gens si soucieux de l'opinion d'autrui — fussent-ils d'ailleurs convaincus de la réalité
des manifestations spirites, par les preuves les plus
décisives, comment oseraient-ils l'avouer en public,
confesser leur foi, et dans ce siècle de lumières, après
Voltaire !... ô Prudhomme !... braver ton indignation
et la terrible apostrophe que tu me cornes aux oreilles
depuis si longtemps :

« Alors, monsieur, vous admettez donc le surnaturel ? »

Non, Prudhomme, non ! je n'admets pas le surnaturel. — Il n'y a pas de surnaturel — Dès qu'un

fait se produit ; ce n'est que par l'effet d'une loi de la nature. — Il est donc naturel ! — Et le nier *d priori*, sans examen, sous prétexte que la loi productrice n'existe pas ; déclarer qu'elle n'existe pas, parce qu'elle est inconnue ; contester la réalité du fait, parce qu'il ne rentre pas dans l'ordre des faits établis et des lois constatées : c'est l'erreur d'un esprit mal équilibré qui croit connaître toutes les lois de la nature. — Si quelque savant a cette prétention-là, c'est un pauvre homme !

Mais où je l'attends, c'est à l'examen sérieux des faits, quand il sera forcé d'y venir. Je lui promets quelques surprises.

Mille amitiés.

V. SARDOU.

Cher Monsieur et Frère en S.

(Italie), Pesaro, 27 juin 1889.

Quel fâcheux contre-temps! Lorsqu'est imprimé mon livre, traduit en français, comme je le suppose, je reçois de Londres, le petit volume de Juin des *Proceedings*, de l'illustre *Society for Psychical Research Part. XIV*, où, de la page 519 à 566, sous le titre : *On a Series of experiments a Pesaro*, je lis un résumé analytique assez étendu du livre que vous avez fait traduire, et en particulier, celui d'un autre que je publiai en 1877, portant le titre : *Intorno ci fenomeni Spiritici-Lettera all' onovando Sig.r Conte Terensio Mamiani*.

Cet ouvrage important, fut lu par M. Henry Babington Smith, membre du Conseil de la dite Société, dans la séance générale du 18 mars 1889 au siège de la Société, à Westminster Town Hall. Au mois de novembre de l'année passée ce Monsieur se trouvait à Pesaro et assista à trois séances dans lesquelles il ne fut pas certainement très heureux; il les demanda et, par ces expériences, il reconnaît la bonne foi de notre médium; si, selon mon avis, la réalité du spiritisme fut confirmée, il y eut insuccès pour le magnétisme.

Des deux livres indiqués, M. Smith a pris des documents qui confirment les faits narrés; il a tiré de mes manuscrits médianimiques originaux, qu'il avait examinés soigneusement, des matériaux dont il a fait une exposition pleine d'ordre et admirablement précise. — Elle comprend quatre parties :

I. Introduction, qui fait connaître les personnes et les circonstances; — II. Ecriture automatique; — III. Expériences hypnotiques explicables comme transmissions de pensée et suggestion à distance; — IV. Expériences hypnotiques de caractère spiritique.

De la comparaison qu'il a fait des notes des trois séances, avec celles prises par moi et par mes amis dans les mêmes séances, il conclut loyalement à l'exactitude et à la véracité des procès-verbaux imprimés ; de ceux-ci il choisit sagement les faits pour les traduire fidèlement; il les abrège avec conscience.

Nous ne pouvions nous attendre qu'il acceptât sur-le-champ nos explications. Au contraire, il soulève des objections subtiles, qu'avec le temps j'espère lui enlever. Une grande sérénité d'esprit se manifeste en lui, sans aversion préconçue, avec le sincère désir de preuves ultérieures, encore plus décisives. Il ne repousse pas, il attend. Une telle prétention est raisonnable chez celui qui assista à si peu de séances, qui n'eut aucune preuve claire et décisive.

En tout cas, pour nous c'est une vraie satisfaction qu'une société pareille accueille la fleur de la science européenne, l'occupe dans une séance publique de l'examen de telles expériences.

Lorsque l'application de l'hypnotisme à la médiumnité spiritique sera devenue commune, les bons médiums seront plus nombreux et se montreront les reproducteurs les plus automatiques; dans des conversations, régulièrement continuées, ils donneront des preuves abondantes, qui peuvent quelquefois faire défaut en quelques séances isolées, dans lesquelles les différences de langage embarrassent les assistants. Ayons foi dans le triomphe de la vérité.

FRANCESCO ROSSI-PAGNONI.

Paris. — Typ. A. DAVY, 52, rue Madame et rue Corneille, 3.

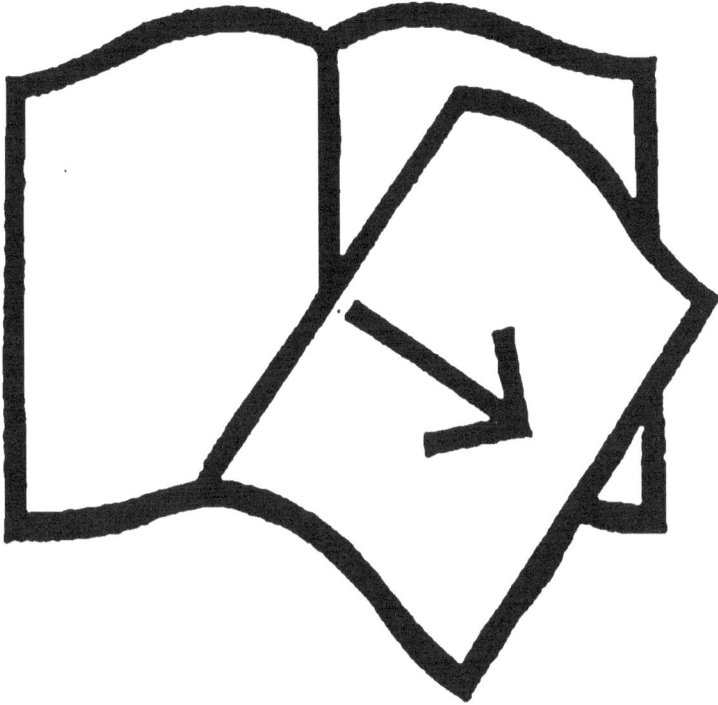

Documents manquants (pages, cahiers...)
NF Z 43-120-13

www.ingramcontent.com/pod-product-compliance
Lightning Source LLC
Chambersburg PA
CBHW052216270326
41931CB00011B/2377